学研  特長

JN029687

やりきれるから自信がつく

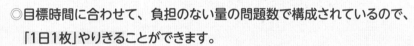

✓ 1日1枚の勉強で、学習習慣が定着

◎目標時間に合わせて、負担のない量の問題数で構成されているので、
「1日1枚」やりきることができます。

◎教科書の内容に基づいているので、授業の進度に合わせて使うこともできます。

✓ すべての学習の土台となる「基礎力」が身につく

◎「基礎」が身についていなければ、発展的な学習に進むことはできません。
スモールステップで構成され、1冊の中でも繰り返し学習していくので、確実に
「基礎力」を身につけることができます。

✓ 「基本」→「実力アップ」のくり返しで、
確実な学力がつく!

◎本書は、基本問題と実力アップ問題で構成されています。

◎基礎を固めてから、総合・発展的な問題に挑戦することで、
さらに理解を深めることができます。

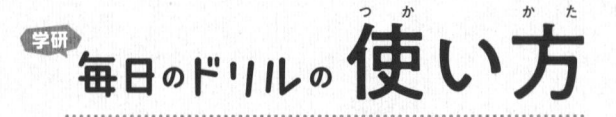

❶ 1日1枚、集中して解きましょう

◎「きほん」と「実力アップ」があります。

「きほん」を学習したら、「実力アップ」に進みましょう。

◎1回分は2ページです。

目標時間

◎目標時間を意識して解きましょう。

ストップウォッチなどで、かかった時間をはかりましょう。

❷ おうちの方に、答え合わせをしてもらいましょう

・本の最後に、「こたえとアドバイス」があります。

・答え合わせをしてもらったら、「とくてんひょう」に点数を記入しましょう。

できなかった問題を
解き直すと、
より力がつくよ！

とくてんひょう ▶

	がくしゅうないよう	とくてん	50てん いじょう	100 てん
1	きほん　かん字の　よみかた	てん	☆	☆
2	きほん　かん字の　かきかた	てん	☆	☆
3	きほん　かずの　かん字・よみがな・かん字と　ひらがな	てん	☆	☆
4	きほん　なかまの　かん字	てん	☆	☆
5	きほん　まちがえやすい　かん字	てん	☆	☆
6	きほん　かん字を　くみあわせて　できた　ことば	てん	☆	☆
7	実力アップ　かん字	てん	☆	☆
8	きほん　ひらがなの　ことば ①	てん	☆	☆
9	きほん　ひらがなの　ことば ②	てん	☆	☆
10	きほん　文づくり ①	てん	☆	☆
11	実力アップ　ことば ①	てん	☆	☆
12	きほん　かたかなの　ことば	てん	☆	☆
13	きほん　ようすを　あらわす　ことば・なかまの　ことば	てん	☆	☆
14	きほん　文づくり ②	てん	☆	☆
15	実力アップ　ことば ②	てん	☆	☆
16	きほん　「だれが　なにを　どう　する」を　よみとろう ①	てん	☆	☆
17	きほん　「だれが　なにを　どう　する」を　よみとろう ②	てん	☆	☆
18	きほん　「いつ　どこで」を　よみとろう	てん	☆	☆
19	実力アップ　ものがたり ①	てん	☆	☆
20	きほん　ばめんを　よみとろう	てん	☆	☆
21	きほん　ようすを　よみとろう ①	てん	☆	☆
22	きほん　ようすを　よみとろう ②	てん	☆	☆
23	実力アップ　ものがたり ②	てん	☆	☆
24	きほん　といと　こたえを　よみとろう ①	てん	☆	☆
25	きほん　といと　こたえを　よみとろう ②	てん	☆	☆
26	きほん　文の　くみ立てを　よみとろう	てん	☆	☆
27	実力アップ　せつめい文 ①	てん	☆	☆
28	きほん　じゅんじょよく　よみとろう	てん	☆	☆
29	きほん　文の　つながりを　よみとろう ①	てん	☆	☆
30	きほん　文の　つながりを　よみとろう ②	てん	☆	☆
31	実力アップ　せつめい文 ②	てん	☆	☆
32	きほん　ようすや　気もちを　よみとろう ①	てん	☆	☆
33	きほん　ようすや　気もちを　よみとろう ②	てん	☆	☆
34	きほん　ようすや　気もちを　よみとろう ③	てん	☆	☆
35	実力アップ　し	てん	☆	☆
36	まとめテスト ①	てん	☆	☆
37	まとめテスト ②	てん	☆	☆
38	まとめテスト ③	てん	☆	☆

1 かん字の よみかた

もくひょう **20**ぷん

がつ	にち
とくてん	てん

1 ──せんの かん字の よみがなを かきましょう。 一もん4てん[24てん]

① 大きな 車が（　）事こ（　）に（　）入る。

② かぶと虫は（　）いい 虫（　）です。

③ 日本一（　）たかい 山は（　）ふじ山（　）です。

④ 空を（　）見上げて（　）空気を（　）すう。

⑤ あの 人は（　）となり（　）の 町の（　）町長だ。

2 ──せんの かん字の よみがなを かきましょう。 一もん3てん[12てん]

① 目玉（　）やき

② 小川（　）

③ 学校（　）

④ 文字（　）

① （　　　）日よう日
　（　　　）日が のぼる。

② （　　　）月よう日
　（　　　）月を 見る。

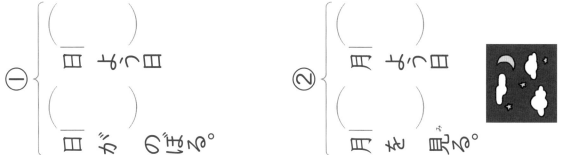

③ （　　　）火よう日
　（　　　）火を つける。

④ （　　　）水よう日
　（　　　）水を まく。

⑤ （　　　）木よう日
　（　　　）木に のぼる。

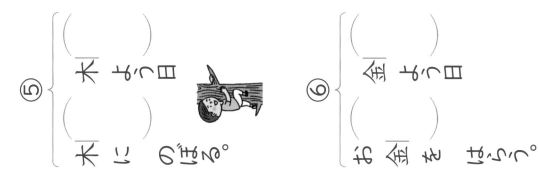

⑥ （　　　）金よう日
　（　　　）お金を はらう。

⑦ （　　　）土よう日
　（　　　）土で あそぶ。

⑧ （　　　）休日
　（　　　）なつ休みが くる。

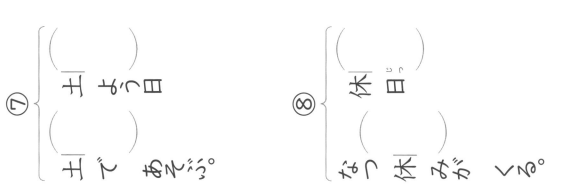

②

もくひょう 20ぷん
がつ　にち
とくてん　　てん

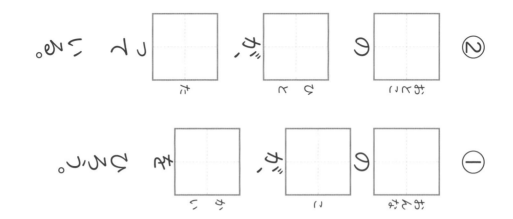

2 □に かん字を かきましょう。　1もん4てん【24てん】

②
□ の
□ が、
□ て
いる。

①
□ の
□ が、
□ を
ひろう。

1 えの かたちから できた かん字を □に かきましょう。　1もん4てん【32てん】

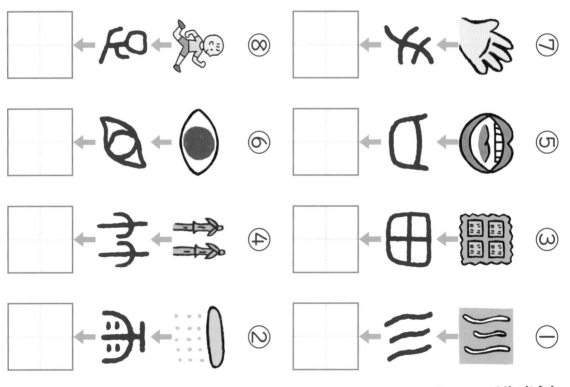

⑧ ⑦
⑥ ⑤
④ ③
② ①

こたえ ○ 86ページ

3 かん字の かきじゅんが 正しい ほうに、○を つけましょう。

1つ3てん[12てん]

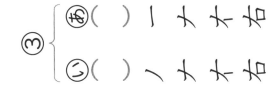

① あ( ) ' 一 上
　 い( ) 一 十 上

② あ( ) 一 十 土
　 い( ) 一 十 土

③ あ( ) 一 ナ オ 右
　 い( ) ノ ナ オ 右

④ あ( ) 一 ナ ナ 左
　 い( ) ノ ナ ナ 左

4 ①から ④までの かいすうで かく かん字を、〔 〕から 一つずつ えらんで、□に かきましょう。

1つ4てん[32てん]

① 三かくで かく かん字
〔力 山 九 タ 中〕

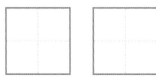

② 五かくで かく かん字
〔水 円 出 虫 白〕

③ 六かくで かく かん字
〔生 糸 見 石 気〕

④ 八かくで かく かん字
〔学 草 車 青 音〕

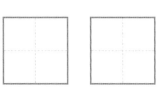

3

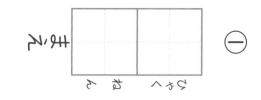

かんじ と ひらがな・
かずの かんじ・ひらがな

1 えの ものの かずを すうじと かんじを ひとつ つかって かきましょう。

[1もん4てん32てん]

①  (　　　　　)

② (　　　　　)

③ (　　　　　)

④ (　　　　　)

⑤ (　　　　　)

⑥ (　　　　　)

⑦ (　　　　　)

⑧ (　　　　　)

2 ——せんの かんじの よみがなを かきましょう。

[1もん8てん]

① 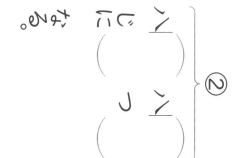 一つ の なし。
(　　　　)　(　　　　)

② 一こ に なる。
(　　　　)　(　　　　)

3 □に かんじを かきましょう。

[1もん5てん]

① まえ □ □ ひゃく　ねん

② □ □ せん　えん くらい

8

4 ——せんの かん字の よみがなを かきましょう。

1つ5てん【15てん】

① （　　　）女王さま

② （　　　）先生と はなす。

③ タレントの （　　　）本名は、山田カンだ。

5 ——せんの ことばを、かん字と ひらがなで かきましょう。

1つ5てん【35てん】

① ぞうは おおきい。  （　　　）

② ねずみは ちいさい。 （　　　）

③ あかい りんご。 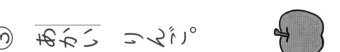 （　　　）

④ ゆきは しろい。  （　　　）

⑤ あおい 空。  （　　　）

⑥ ただしい こたえ。 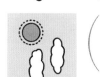 （　　　）

⑦ はやく おきる。 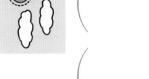 （　　　）

④

なまえ

なまえのかんじ

もくひょう
20ぷん
がつ　にち
とくてん　てん

1 かん字 の 中の □に、かん字を、①から④の なかに
かきましょう。　[1つ20てん]

① からだ の かん字

② しょくぶつ の かん字

③ どうぶつ の かん字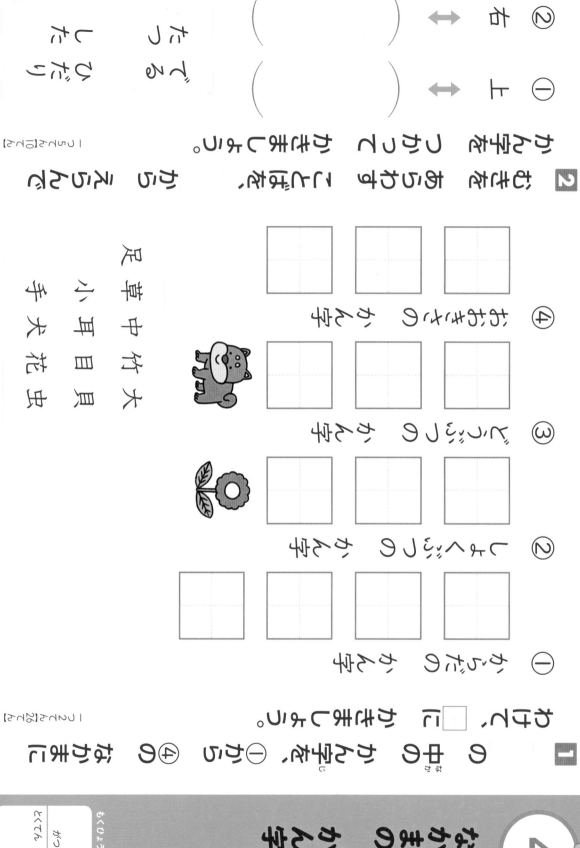

④ おおきさ の かん字

足　草　中　竹　大
小　耳　目　貝
手　大　花　虫

2 かん字を あわせて、こたえの かん字を
かきましょう。　[1つ20てん]

① 上　↔　（　　　）

② 右　↔　（　　　）

たで
たつ
る
した
ひだり

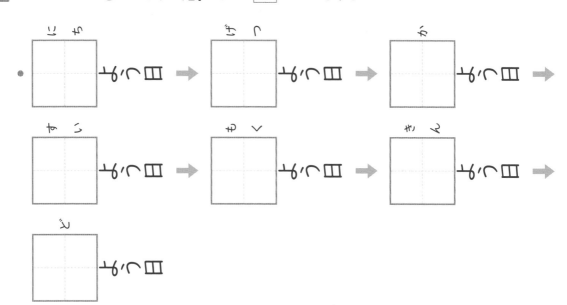

にち [　] よう日 → げつ [　] よう日 → か [　] よう日 →

すい [　] よう日 → もく [　] よう日 → きん [　] よう日 →

ど [　] よう日

4 □に かん字を かきましょう。 1つ5てん[30てん]

① せんせい [　][　] に ほん [　] の な [　] まえを かく。

② くうき [　][　] が すんで、あま [　] の がわ [　] が きれいだ。

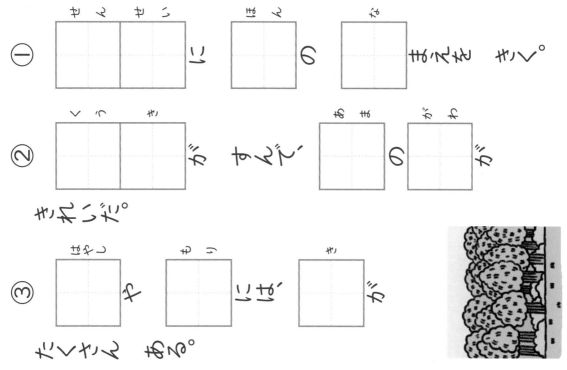

③ はやし [　] や もり [　] には、き [　] が たくさん ある。

③「はやし」も「もり」も、「き」の いみが ある かん字が あります。

こたえ ● 86ページ

５ きほん まちがえやすい かん字

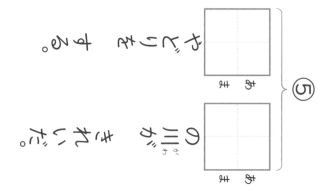

もくひょう 20ぷん

がつ	にち
とくてん	てん

１ おなじ よみかたの かん字を □に かきましょう。 1もん[30てん]

① □ひ を かける。 ／ □ひ の ぼる。

② がくせい の □ちゅう。 ／ □ちゅう を とる。

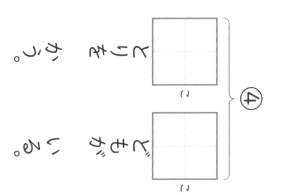

③ せい□ん 生 ／ えん□ん 円

④ □い とり を かう。 ／ □い とぶ が いる。

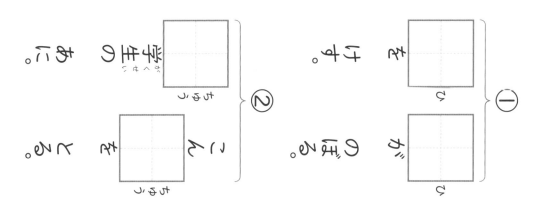

⑤ あ□ま やどり を する。 ／ あ□ま の 川が きれいだ。

かん字の よみかたは、はんたいがわの こたえを見てね。

12

2 かたちの にた かん字に 気を つけて、□に かん字を かきましょう。

1つ5てん【75てん】

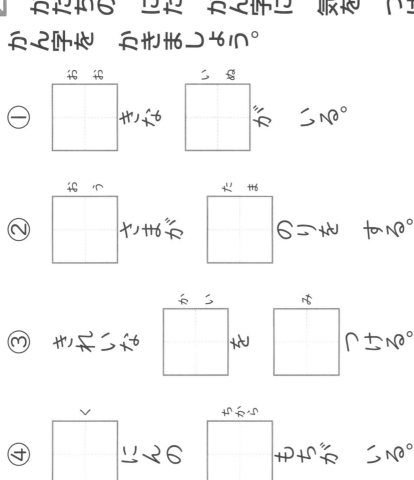

① お お ｜ きな、い ぬ ｜ が いる。

② お う ｜ さまが、た ま ｜ のりを する。

③ きれいな か い ｜ を、み ｜ つける。

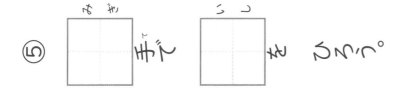

④ く ｜ にんの、ち から ｜ もちが いる。

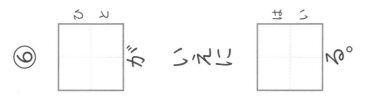

⑤ み ぎ ｜ 手で、い し ｜ を ひろう。

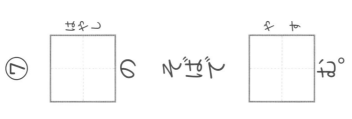

⑥ ひ と ｜ が いえに、は い ｜ る。

⑦ はやし ｜ の 中で、や す ｜ む。

こたえ ○ 87ページ

かん字を ただしく よみあわせて

１ ——せんの かん字の よみがなを かきましょう。　〔1もん3てん〕〔ぜん24てん〕

① はるに 花見を した。
（　　　　）

② のはらで、草花を つんだ。
（　　　　）

③ 早口 ことばを いう。
（　　　　）

④ 出口 で まちあわせる。
（　　　　）

⑤ ひまわりが、百本も さいた。
（　　　　）

⑥ 六百円 の えほんを かった。
（　　　　）

⑦ ぼくの あには、大学生 だ。
（　　　　）

⑧ 小学校 に かよう。
（　　　　）

2 の 中の かん字を □に 入れて、はんたいの いみの くみあわせの ことばを かきましょう。

一つ4てん[16てん]

木 左 川 犬
下 女 大 山

①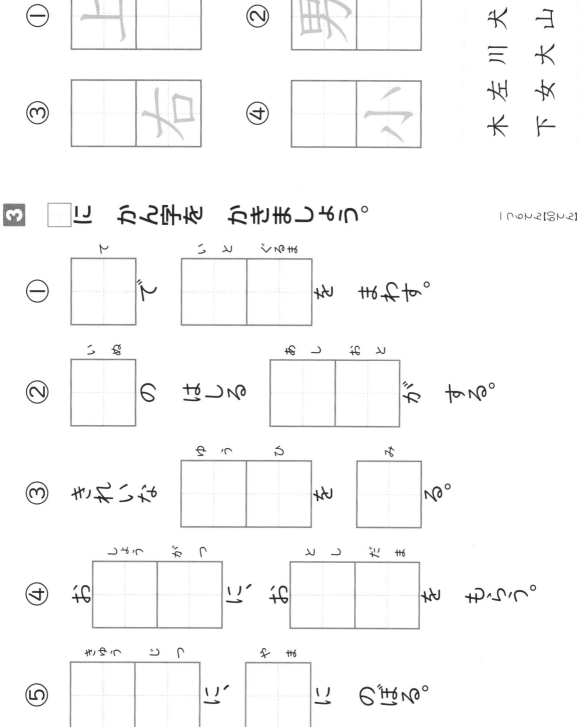

②

③

④

3 □に かん字を かきましょう。

一つ9てん[90てん]

① □て □□□を まわす。

② □の はしる □□□が する。

③ きれいな □□を みる。

④ お□□□に お□□□を もらう。

⑤ □□に □に のぼる。

かん字

7

実力アップ

おくひょう 20ぷん

がつ	にち
とくてん	てん

1 ──せんの かん字の よみがなを かきましょう。

[1つ2てん/12てん]

① 市
　町
　村
　　（　　　）
　町 と 村。
　　（　　　）（　　）

② 男
　女 に
　　（　　　）
　男 と 女。
　（　　）（　　）
　女 に
　わかれる。
　（　　）

2 ──の ものに えらんで、ものの 名まえと かぞえる ことばを つかって かきましょう。

[1つ3てん/36てん]

れい　石　１こ（１）。
　　　（いし）

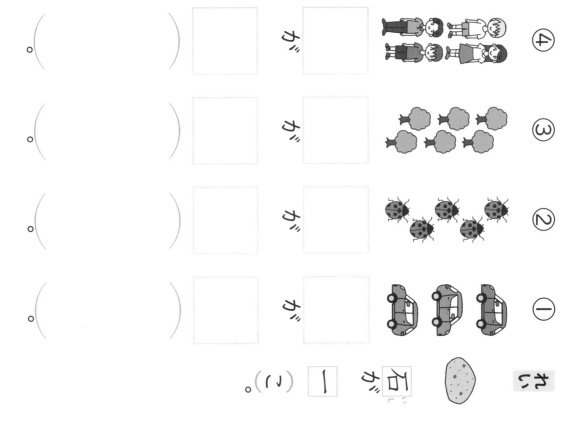

① 　□が □（　　　）。

② 　□が □（　　　）。

③ 　□が □（　　　）。

④ 　□が □（　　　）。

16

3 かたちの にた かんじに 気(き)を つけて、□に かんじを かきましょう。

1つ4てん[32てん]

① □(むら)の ちかくに、□(はやし)が ある。

② □(ゆう)がた そして □(な)まえを よばれた。

③ □(つち)を たねの □(うえ)から かける。

④ □(ひゃく)本(ほん)の □(しろ)い 花(はな)が さいた。

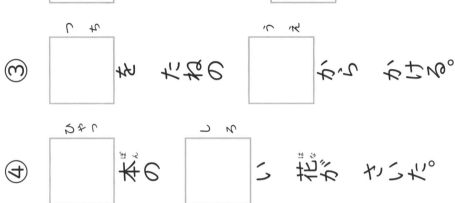

4 ——せんの ひらがなを かんじに なおして、右(みぎ)がわに かきましょう。

1つ4てん[20てん]

・がっこうを やすんだので、つぎの 日(ひ)、

田中せんせいに おそわり、じてんしゃけんさ

もじの れんしゅうを した。

こたえ 87ページ

17

もくひょう
20ぷん

がつ　にち

とくてん

てん

1 えの ものを あつめて、「1もじ」から 四もじまでの ことばを ひらがなで かきましょう。 [1もん3てん]

① 1もじの ことば

② 2もじの ことば

えを みて、その なかまの ことばを おもいうかべて、かんがえて みましょう。

③ 三もじの ことば

④ 四もじの ことば

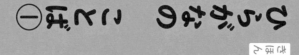

2 えに あう ことばを かきましょう。 1つ5てん[35てん]

① ② ③

④

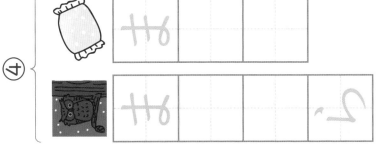

「゛」が つくじ、
「゜」が つくじに
きを つけて、かきましょう。

3 えに あう ことばを かきましょう。 1つ4てん[20てん]

① ② ③ ④ ⑤

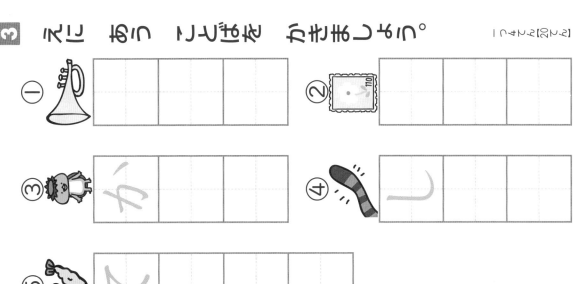

ひらがなの ことば②

もくひょう 20ぷん

がつ	にち	とくてん
		てん

1 えを 見て、がくせいの ようふくの 名まえを かきましょう。 [1つ4てん／24てん]

① ② ③ ④ ほ→ ⑤ ⑥

2 えに あう ことばを かきましょう。 [1つ2てん]

①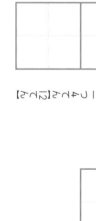

③

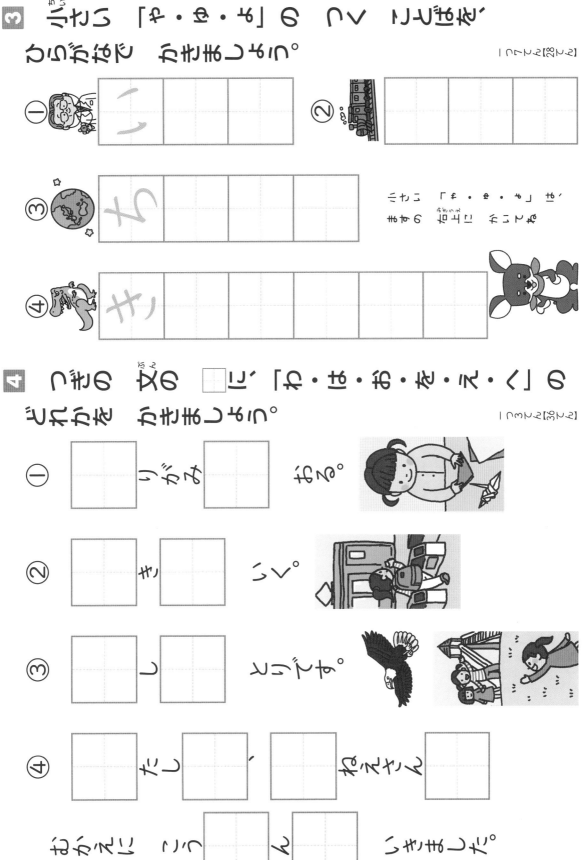

3 小さい 「や・ゆ・よ」の つく ことばを、ひらがなで かきましょう。

1つ7てん【28てん】

① し

②

③ ち

にかい 「や・ゆ・よ」は、あかちゃんに かいてね

④ き

4 つぎの 文の □に、「わ・は・お・を・え・へ」の どれかを かきましょう。

1つ3てん【30てん】

① □ りがみ □ おる。

② □□ き □ いく。

③ □□ し □ とりです。

④ □ だし、□□ね えさん □ むかえに いつ □□ ん □ いきました。

1 つぎの 文ぶん の □に、まる(。)か てん(、)か かぎ(「 」)の どれかを つけましょう。 [1もん4てん]

きょう□ えんそくが あります□

ぼく□ 先生（せんせい）に□ えんそくが あります□

「おはようございます□」

と あいさつ しました□

はなす ことばは、かぎ(「 」)の 中（なか）に 書（か）きます。はじめに まる(。)を つける ことが あります。

2 ──の ことばを ①は 「かたかな」に、②は 「ひらがな」に なおして 文ぶんに かきなおしましょう。 [1もん20てん]

① わたしは、ぺんぎんが すきです。

（　　　　　　　　）

② ぼくは、いすから たった。

（　　　　　　　　）

3 え を 見て、□ に あう ことばを、　　から えらんで かきましょう。

[1つ5てん/20てん]

① でん車が [　　　　] 。

② [　　　　] が とまる。

③ けいほうきが [　　　　] 。

④ [　　　　] が しまる。

はしる　　じどう車　　ふみきり　　なる

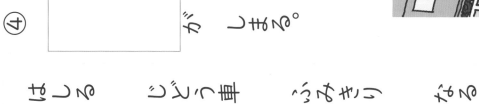

4 え を 見て、□ に あう ことばを かきましょう。

[1つ6てん/30てん]

① 〈だれ(なに)〉 [　　　　] が 〈なに〉 [　　　　] を

〈どう する〉 [　　　　] 。

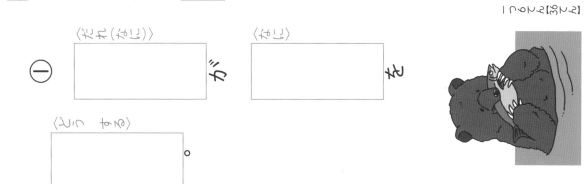

② 〈だれ(なに)〉 [　　　　] が 〈どこ〉 [　　　　] で

〈どう する〉 [　　　　] 。

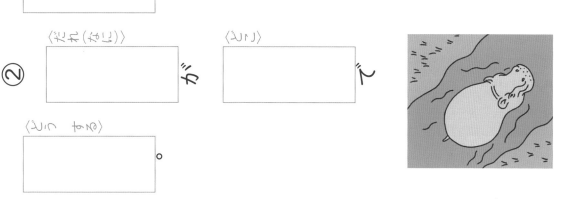

こたえ 88ページ

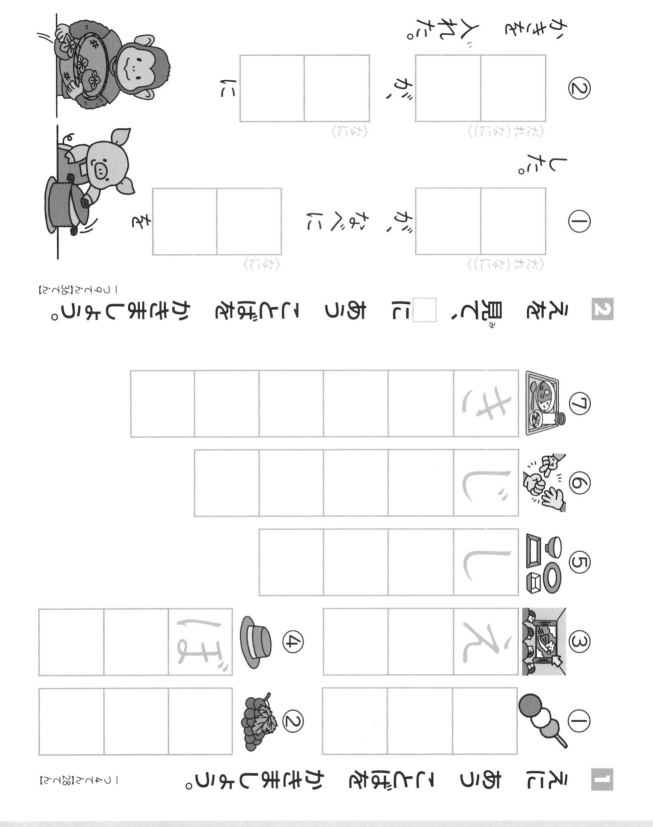

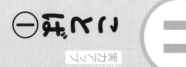

じつ力テスト

二

こくご①

もくひょう
20ぷん

がつ　にち
とくてん

てん

1 えに あう ことばを かきましょう。 [1もん 4てん/28てん]

① （だんご）

② （ぶどう）

③ （えき）

④ （ぼ　）し

⑤ し

⑥ じ

⑦ き

2 えを 見て、□に あう ことばを かきましょう。 [1もん 6てん/36てん]

① □□が、□□に　し。

② □□が、□□に 入れた。

3 つぎの 文の □に、まる(。)か てん(、)か かぎ(「 」)の どれかを つけましょう。

1つ2てん【4てん】

きょう□ ぼくは□ みなさんと にんぎょうげきを しました□

ぼくは みなさんに □

□ 上手に できたね □

と いいました□

□の 正しい ほうに かこうね。

4 つぎの 文の □に、「わ・は・お・を・え・へ」の どれかを かきましょう。

1つ2てん【22てん】

① □ かあさん、 □ たしに □ ブラシ □ かって くれました。

② □ たし、 □ とうと □ □ □ ん □ つれて いきました。

こたえ 88ページ

もくひょう 20ぷん
がつ にち
とくてん てん

2 つぎの 文から、かたかなで かくと よい ことばを えらんで、かたかなに なおしましょう。
1つ4てん[8てん]

① わたしは おやつに、ちょこれえと を たべました。

（　　　　）（　　　　）

② ねこの ことが おんがくから、あたりに ぴあの ひびいて きます。

（　　　　）（　　　　）

1 えに あう かたかなの ことばを かきましょう。
1つ3てん[36てん]

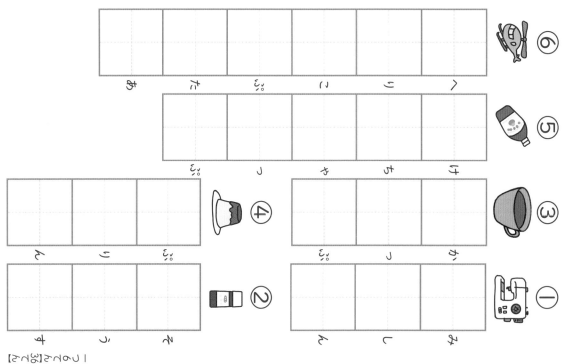

① み し ん

② て じ す

③ か し ぶ

④ ぶ り ん

⑤ け ち す こ ぶ

⑥ く り い ぶ た あ

3 ☐ の 中（なか）の ことばを、①から ③の なかまに わけて、かたかなで かきましょう。

1つ4てん【48てん】

たらだ　わんわん　おうと　はい
とらっく　れもん　がちゃん　い
もっもっ　ものれえる　ぱんん
はなな　どんどん　だくしい

① のりもの

（　　　　　　　　）（　　　　　　　　）

（　　　　　　　　）（　　　　　　　　）

② たべもの

（　　　　　　　　）（　　　　　　　　）

（　　　　　　　　）（　　　　　　　　）

③ 音（おと）や なきごえ

（　　　　　　　　）（　　　　　　　　）

（　　　　　　　　）（　　　　　　　　）

こたえ ➡ 89ページ

もくひょう 20ぷん　がつ　にち　とくてん　てん

1 正しい ことばの ほうに、○を つけましょう。
1つ12てん[36てん]

① 日が { (　) あかるく / (　) あかるく } てらす。

② 小川が { (　) さらさら / (　) さらさら } ながれる。

③ ろうかを { (　) はたはた / (　) はたはた } はしる。

ちゅうい
「ようすを あらわす ことば」だよ。

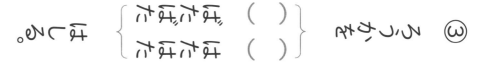

2 ( )に あてはまる ことばを、 から えらんで かきましょう。
1つ6てん[24てん]

① タ日が (　　　　) しずむ。

② ゆきが (　　　　) ふる。

③ なみだが (　　　　) した。

④ おなかが (　　　　) ないた。

| 赤い　白い　□□□□　□□□□　□□,□□　□□,□□ |

3 つぎの ものを ひとまとめに した ことばを、かきましょう。

1つ6てん【24てん】

① { だいこん・ねぎ / なす・にんじん } ➡ (　　　　　　　　　　)

② { りんご・バナナ / ぶどう・みかん } ➡ (　　　　　　　　　　)

③ { せみ・かまきり / あり・ばった } ➡ (　　　　　　　　　　)

④ { たい・かれい / やんま・やご } ➡ (　　　　　　　　　　)

4 えを 見て、( )には 「一つ一つ」の 名まえを、□には、ひとまとめに した ことばを かきましょう。

1つ5てん【40てん】

▼ひとまとめに した ことば　　▼一つ一つの 名まえ

① [　　　　　] { (　　)(　　) / (　　) }

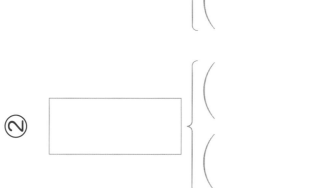

② [　　　　　] { (　　) / (　　) }

こたえ ● 89ページ

1 えを 見て、□に あう ことばを かきましょう。

〔1もん24てん〕

① □（だ（なに）れ）は、□（なに）を たべる。

② □（だ（なに）れ）は、□（なに）を たべる。

③ □（だ（なに）れ）は、□（なに）を たべる。

2 つぎの 文に あう ほうの ことばを、○で かこみましょう。

〔1つ10てん〕

ただしい ほうに
まるを つけて
くださいね。

① わたし {わ／は} 小学生です。

② としょかん {へ／え} いく。

③ しゅくだい {を／お} おわる。

④ 休みに がっこう {へ／え} 出る。

❸ え を 見て、つぎの 文の ○に あう ことばを、□から えらんで かきましょう。(おなじ ことばは なんども つかえます。) 1つ3てん【24てん】

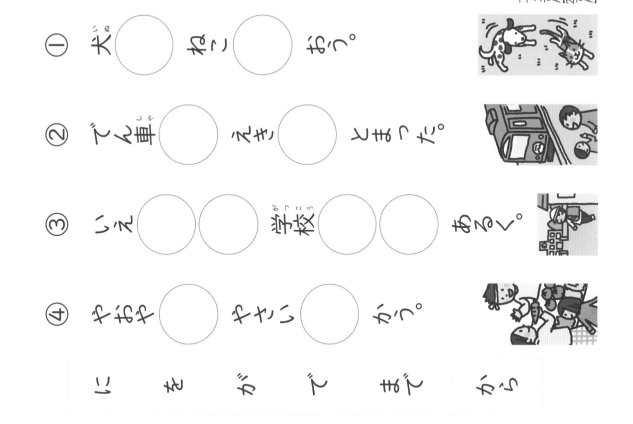

① 犬（いぬ）○ ねこ ○ おう。

② でん車（しゃ）○ えき ○ とまった。

③ いえ ○○ 学校（がっこう）○○ あるく。

④ やおや ○ やさい ○ かう。

に	を	が	で	まで	から

❹ え を 見て、□や □に あう ことばや かん字を かきましょう。 1つ4てん【36てん】

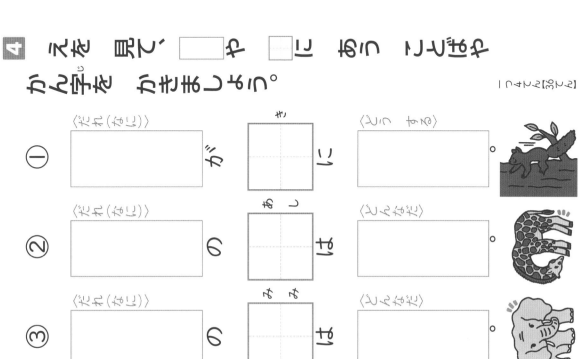

① 〈だれ（なに）〉 [____] が [き]に 〈どう する〉 [____]。

② 〈だれ（なに）〉 [____] の [あし]は 〈どんなだ〉 [____]。

③ 〈だれ（なに）〉 [____] の [みみ]は 〈どんなだ〉 [____]。

こたえ ○89ページ

もくひょう 20ぷん

がつ	にち	とくてん
		てん

---

2 （　）にあてはまることばを、[ ]からえらんでかきましょう。 〔1つ5てん〕

① 空気が、（　　　　）になっている。

② で事がすいて、（　　　　）だ。

③ 大きな石が、（　　　　）ころがる。

④ 小石が、（　　　　）ころがる。

[ぴかぴか　ぎらぎら　ぽかぽか　ぴょんぴょん　ころころ　さらさら　ざあざあ　くらくら　ふらふら　からから]

---

1 えの中から、かたかなでかくことばを　六つ見つけて、かたかなであらわすことばをぜんぶ（ ）にかきましょう。 〔1つ4てん〕

（　　　　）（　　　　）

（　　　　）（　　　　）

（　　　　）（　　　　）

3 え を 見て、（ ）には 一つ一つの 名まえを、□には、ひとまとめに した ことばを かきましょう。

1つ5てん【40てん】

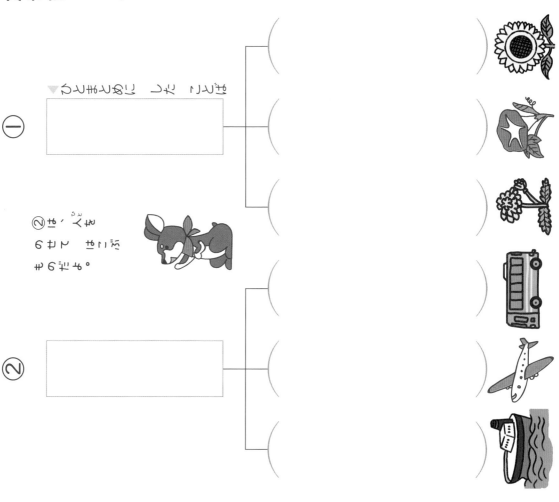

① ▼ひとまとめに した ことば

② は、人を のせて はこぶ ものです。

4 え を 見て、□や □に あう ことばや かん字を かきましょう。

1つ4てん【24てん】

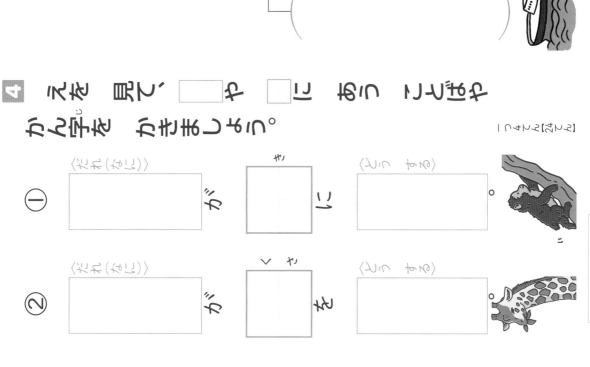

① 〈だれ（なに）〉 が 〈やり〉 に 〈どう する〉。

② 〈だれ（なに）〉 が 〈なに〉 を 〈どう する〉。

こたえ ◯89ページ

■ つぎの文しょうをよんで、あとのといに こたえましょう。

つぶぶんえらいぶどうもあれば、つぶのちいさいぶどうもあります。赤（あか）いぶどうの虫（むし）のように見（み）えるぶどうもありますが、〔①〕

ひとつぶ、白（しろ）いぶどうの花（はな）があたりをてらしています。一（ひと）つ、ひとつ、ぶどうの花があたりをてらしていたのです。

ぶどうの村（むら）のひとびとは、ひとつぶのぶどうの花がさいたのでも、おおさわぎでした。でも、それが〔②だれが、〕

ぶどうはんのひとびとがやってきて、山（やま）のぶどうの花をつんでは、おりますが、おはなしがおおきく出（だ）して、

（工藤直子「あめ あがり めざめの花」について『日本の名作童話24 だれにもあてはなしがある』岩崎書店より）

① 「だれか」は、ごぜん①と②して いますか。
1つ15てん【30てん】

(1) (　　　　　　　　　　)

(2) (　　　　　　　　　　)

② 「だれか」とは、だれでしたか。「 」に ○を つけましょう。
【15てん】

あ(　) お月さま　　い(　) つめの 花

う(　) てんとう虫

③ てんとう虫は、どこに いますか。
【15てん】

(　　　　　　　　　　)

④ てんとう虫は、なにを みに つけて いますか。
【20てん】

(　　　　　　　　　　)

⑤ 「てんとう虫が こうえん」いる ようすを あらわす ことばを、四字で かきましょう。
【20てん】

こたえ ▶ 90ページ

もくひょう じかん **20**ぷん

がつ	にち
とくてん	てん

◼ つぎの 文しょうを よんで、もんだいに こたえましょう。

⑦ひかり村には、いちめんに、ひまわりが さいて います。草や 木も、ひまわりに まけまいと、せいを のばして います。

だいちも ひとも、みんな ひまわりを あびて、あたたかく なって います。

ねっしんに ひなたぼっこを して いる 花の あかりの ところへ、ちいさな むしが とんで きて、花の あかりに はなしかけて きました。

①ほかの 花も、『あたたかいね。』と こたえて います。⑦ほかの 花は、あたたかくて 気もちいいと おもって いると、となりの ひまわりも、『あたたかいね』と おしゃべりして いました。

（中りゃく）

＊　＊　＊

「⑪あたたかくて、きもちいい。」

あかい 花びらを ひろげて、えがおに なって、『ええ。』と あげる。

「ええ、そうね。」と おこたえしました。

「あ、おきゃくさま。」

花の ⑦あかりは、花の まん中に、ちいさな むしが いるのを みつけました。

（工藤直子「めのはなとつゆ」『日本の名作童話24 これ だれの あしあとかな』〈岩崎書店〉より）

① ^⑦「お月さま」は、ひかって なにを しますか。 [一つ5てん[20てん]]

・(　　　　　) を (　　　　　)。

② なにが、^⑦「つめたい ひかりを あびて」いるのですか。四つ こたえましょう。 [一つ7てん[28てん]]

(　　　)・(　　　)・(　　　)・(　　　)

③ だれが、^⑦「ほかほかと ねむりました」か。 [10てん]

(　　　　　)

④ てんとう虫は、^⑦「この えにっき」を どこに どう しましたか。 [一つ5てん[20てん]]

・(　　　　　) に (　　　　　)。

「この えにっき」は、「赤い えにっき」を さして いますね。

⑤ てんとう虫が、^⑦「あわてんぼで よかった」と いたのは、なぜですか。 [10てん]

(　　　　　)

■ つぎの 文しょうを よんで、もんだいに こたえましょう。

むかしむかし、ある村町に、白い子馬が 生まれました。その子馬は、生まれたときから、からだじゅうが 白い毛でしたので、「白」という 名まえを つけて あげました。

四年生の よしおくんの うちでは、うまを 五、六ひき かっていました。そのなかで いちばん 小さいのが、この 白い子馬でした。

よしおくんは、大きくなったら、①白いうまを、村で いちばん りっぱなうまに そだてようと おもいました。

白い子馬は、だんだん 大きく なってきました。けれど、まだ あまり かいばを たべられませんでした。

あるひ、よしおくんは、かいばを やろうとしましたが、白は たべてくれませんでした。どうしたのかと おもって 見ると、おなかが 赤ちゃけて いました。

*あるひ……あるとき。
*かいば……うし・うまなどに あたえる 草。

(木暮正夫「うさぎのもちつき」教材社③『国土社』)

18 「ものがたり」を よもう ①

なまえ

もくひょう 20ぷん

がつ　にち

とくてん

てん

① えきちょうさんは、どこで 生まれましたか。[15てん]

② 「ひつじの チーズ」は、いつ 生まれましたか。一つ15てん[30てん]

・(　　　　　　　　　　) はるの、

　(　　　　　　　　　　)。

③ 「ひつじの チーズ」は、どんな チーズでしたか。一つ15てん[30てん]

・(　　　　　) と よばれる (　　　　　) チーズ。

④ えきちょうさんは、いつから 「チーズの せか」を はじめましたか。[15てん]

・チーズが (　　　　　　) いる。

⑤ 「白山チーズ」は、どんな ことが 大きかったしたか。 「どに 〇を つけましょう。[10てん]

あ(　) からだを だくる こと。

い(　) たらい からだを にぎられる こと。

う(　) はしる こと。

こたえ ◆ 90ページ

ものがたり ①

19

じつりょくアップ

もくひょう
20ぷん

がつ　にち

とくてん　てん

40

■ つぎの 文しょうを よんで、もんだいに こたえましょう。

むかし、大村で、大きくなりすぎて、子ぶたのようになってしまった「しろ」という犬がいました。

「しろ」は、三年まえの五月にうまれました。うまれたときは、五年生のみわちゃんのてのひらにのるくらいの小さな犬で、目もあいていませんでした。

みわちゃんは、その小さな犬をてにとって、気もちをこめて「しろ」となづけました。

「しろ」は、日に日に大きくなっていきました。小学一年生になったみわちゃんよりも大きくなり、小学五年生のいまでは、あまりの大きさに、みわちゃんはびっくりしてしまいました。

むらのひとたちは、そんな「しろ」をみて、「子ぶたみたいな犬だ」とわらいました。

おからすちんいけど、おかれのおけからへいと、おかれてしまれつらね、みわちゃんはも大へんでした。

※せんたち……たけをほそくけずって糸でへんだもの。ぞうりなどをあむのにつかう。文字などをかいたもの。
※たせきたち……たけをほそくけずってあんだもの。ぞうりなどをあむのにつかう。

（木暮正夫「しろがおかの空に帰った馬」『国土社』）

① 「草けいばの 大かい」は、いつ ありましたか。 [10てん]

( )

② 「草けいばの 大かい」には、だれが どう する もよおしが ありましたか。 1つ12〔36てん〕

・( )が( )に のって ( )もよおし。

③ えきちょうさんは、「草けいばの 大かい」に ⑴なにに のって 出て、⑵けっかは どうでしたか。 1つ15〔30てん〕

⑴( )

⑵( )

「気もちを こめて ほえよう」だね。

④ 「目ざして」が、「せんちょう」へ おくられたのは いつですか。あう ものの □に ○を つけましょう。 1つ15〔30てん〕

あ( ) 村の おまつりの 日。

い( ) しょうわ二十年の 五月。

う( ) えきちょうさんが 四年生の とき。

え( ) えきちょうさんが 五年生の とき。

こたえ ○ 90ページ

■ つぎの 文しょうを よんで、もんだいに こたえましょう。

あるひ、一休さんが、おてらの はたけの まんなかに、＊たてふだの ⑦立って いるのを 見つけました。そこには、「一休さんでも、この はしを わたれない。」と かいて ありました。

一休さんは、それを 見て、「これは おもしろい。」と おもいました。

一休さんは、たてふだの とおりに、はしの まんなかを どうどうと わたりました。

①このように わたしたへんらは、あります。わたしは、たてふだの 文字を 見て、「一休さんでも、この はしは わたれない。」と かいて あるのを よみました。

そこで わたしは、はしの まんなかを とおって いきました。

「一休さん、それでは、たてふだの とおりに できて いないよ。」と、みんなは いいました。

「いいえ、一休さんは、はしを わたって いません。」

と、一休さんは いいました。

＊たてふだ…人々に しらせたい ことを かいて、立てて おく いた。

＊やしき…土地の ひろい、りっぱな すまい。

① 一休さんを いちえつに まねいたのは だれですか。〔20てん〕

（　　　　　　　　　　　　　）

② 「立てふだ」には なんと かいて ありましたか。〔20てん〕

（　　　　　　　　　　　　　）

③ じんないさんが 一休さんに「立てふだの 文字が よめないのか。」と きいたのは なぜですか。〔一つ15てん30てん〕

・（　　　　　　　　）が（　　　　　　　　）を

わたつたから。

④ 一休さんは はしを どのように して わたりましたか。〔一つ15てん30てん〕

・はしの（　　　　　　　　）を わたらないで

（　　　　　　　　）を

わたつた。

わたるはしを
はしつこの はじと
かんがえたんだね。

こたえ ● 91ページ

■ つぎの 文しょうを よんで、あとの もんだいに こたえましょう。

「はい。」

すぐに、見つけ出します。

「……。」

いるのです。はやく、さがして
います。もっと、おくれています。

「どうして?」

「いえ、いいえ、その大りけものを見つけて
いるのですが、いいけものは下たにいて
いて、どうしても、見つかりません。」

王さまが、大臣に、いいました。

「どうした。ここには、けものは
いませんか。」

大臣は、コックコックと、あるいて
いきますが、けものを見つけて
いません。だけど、そこにも、けものは
いないので、王さまは、いいました。

「ほうら、みろ。ここには、けもの
なんか、いないぞ。」

と、王さまは、いいます。だけど、けものは、
いました。「見ろよ、ほら、みえる
だろう。」と、王さまは、ゆびさして
いいます。「ほう、みろ。」

（ちがいます。けものは、いっています。
けものは、けれど、じっさいには、
たった一ぴきしかいないのです。
けものは、大りけものではなくて、
ちいさな、ちいさな、けものが、
あつまってできています。その中に
いるのです。）

（寺村輝夫「いってしまった森作おうさまシリーズ」『いってしまったコッケコッコー』（一部改）〈福音館書店〉より）

① 「ここで 見て いたな」と ありますが、めんどりが「だれが なにを どう した」ことを 見て いたと いうのですか。[一つ20てん〔80てん〕]

・( ) が、( ) を
( ) こと。

王さまは、なにを したのかな。

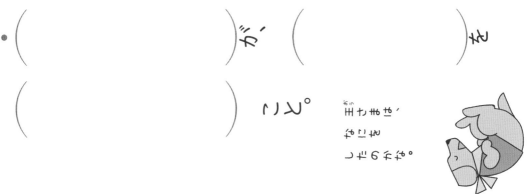

② 王さまが、めんどりに いいきかせた ことばを かきぬきましょう。[20てん]

③ 大臣が、王さまの へやに はん人が かくれて いると おもったのは なぜですか。一つに ○を つけましょう。[20てん]

あ( ) 王さまが はん人を かくして いると おもったから。

い( ) 王さまの へやに めんどりが いたから。

う( ) 王さまの へやの 下で とりかごの かごを 見つけたから。

こたえ 91ページ

■ つぎの 文しょうを よんで、あとの もんだいに こたえましょう。

（王さまは、まいにち ごちそうを たべて いました。でも、きょうは、ロじゅうが いたくて、ごちそうが たべられません。おいしゃさんが、まめだけを たべるように いいました。）

「まめの つぶを、フォークで つきさして たべなさい。」

王さまは、まめを フォークで つきさそうと しました。でも、まめは するりと にげて しまいました。

「あっ。」

王さまは、めを まんまるに しました。また、フォークを つきさそうと しましたが、まめは つるりと にげて しまいました。

「……。」

王さまは、おこって、まめに ねらいを つけました。

「ほう、にげるか。」

と、いいながら、まめを つきさそうと しました。でも、まめは ころりと ころがって、にげて しまいました。

「?」

王さまの ほうが、まけそうでした。

「まてっ。」

王さまは、まめを おいかけました。でも、まめは つかまえられません でした。

「や。」

と、いうなり、王さまは、フォークを おさらに おしつけ……

王さまの 口の 中で、まめが うごいて いました。

（寺村輝夫「いじわるな 魔女に さらわれた 王さま」（1部 改）〈福音館書店 より〉）

① 「きょうは 一ぴきも くれない」から コックさんの どんな 気もちが わかりますか。一に ○を つけましょう。[20てん]

あ（　）いつもは たくさんなのですから たまに は 一ぴきも いいでしょう。

い（　）たくさん つくったらのですが もうしわ け ありません。

う（　）これからは 一ぴきに して もらいま しょう。

コックさんは、ほんきに おこって いるよ。

② 「 」の ことばで、おきゃくが いった ものには ○を、王さまが いった ものには ◎を、コックさんが いった ものには、△を つけましょう。[1つ2てん/8てん]

あ（　）「ぼくが とりじやを あけたのを……。」
い（　）「王さま なにか いいましたか?」
う（　）「じ じ や。」
え（　）「だれにも いうな……。」
お（　）「だまって いろ。」

③ とりじやを あけたのは だれですか。[20てん]

（　　　　　　　　　　　）

「ぼく」は 王さまの ことだよ。

■ つぎの 文しょうを よんで、あとの もんだいに こたえましょう。

（花のまん中に、青くすき立っているものがありました。それは花びらのかげになって、いつも日のあたらない木のしたに、ひっそりと立っていたので、その花は青い水のようにすきとおっていました。）

「きれいな花だね。」
と、ちょうちょうはいいました。
「あなたはだれですか。」
と、花がききました。
「ぼくは、ちょうちょうですよ。」
と、ちょうちょうはこたえました。

ちょうちょうは、その青いすきとおった花にとまりました。花はうれしくて、

「おや。」
と、おもいました。

ちょうちょうがとまると、花はよろこんで、はなびらをいっぱいにひらきました。

ちょうちょうは、その花のみつをすって、いきました。

それから、木のえだえだにさいている花たちは、みんな、ちょうちょうがとんでくるのをまっていました。

でも、木のうえのほうにさいている花には、ちょうちょうはきませんでした。

（新美南吉「木のまつり」『話のびっくり箱一年生』〈学習研究社〈学研〉〉より）

① ちょうちょうだちが 木の 花の においに 気が ついた ようすは、どんな ようすから わかりますか。 □に ○を つけましょう。 [30てん]

あ( ) 「ぷんぷん」と ちがうちばだけに あつまって きた ようす。

い( ) 「ぷんぷん」と 「ねね」「ねね」と いた ようす。

う( ) きょろきょろして あたりを 見まわした ようす。

② ちょうちょうだちは、みんなで なにを して どんな ことを きめましたか。 [1つ20てん/40てん]

・( )を して
（ ）く すると いう こと。

③ ちょうちょうだちは、木の ために どんな ことを して あげる ことに なりましたか。 [30てん]
・( )を して あげる こと。

■ しっぽの 文しょうを よんで、もんだいに こたえましょう。

へやの とぼんの なかに、みが たくさん はいって いるものは、みの なかの たねが、たくさん あるのです。たねが ちって、たくさんの めを 出します。

たんぽぽは、わたげが、かぜに のって とんで いきます。とおくへ とんだ たねは、あたらしい めを 出します。

ななかまどの みは、とりに たべられます。とりが、みを たべて、とおくへ とんで、ふんを します。ふんの なかに たねが あって、あたらしい めが 出ます。

▶ななかまどの み

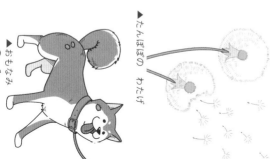

▶たんぽぽの わたげ

ほうせんかの みは、じゅくすと、かわが はじけて、たねを とうとう とばします。

▶ほうせんかの み

おなもみの みは、どうぶつや、人の ふくに くっついて、とおくへ はこばれます。

▶おなもみ の み

こたえ ● 91ページ

① 「とらの 文」を かきぬきましょう。[20てん]

（　　　　　　　　　）

② たんぽぽの みが かぜに のりやすいのは、なにが ついて
いるからですか。[20てん]　　　（　　　　　　　）

③ おなもみの みが とおくへ はこばれるのは、
なぜですか。[1つ20てん]

・おなもみの みに ある （　　　　　　　）が

（　　　　　　　）たちの からだに

くっつくから。

おなもみの みには、なにが
ついて いるのかな。

④ とりに たべられて とおくへ はこばれるのは
なんの たねですか。[20てん]

（　　　　　　　　　）

⑤ じぶんの 力で たねを とおくへ はじきとばす
しょくぶつは
なんですか。[20てん]　　　（　　　　　　　）

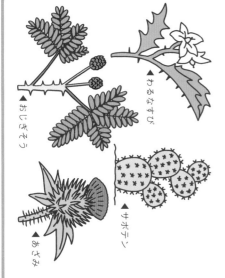

▲おにあざみ

▲わるなすび

▲サボテン

▲あざみ

■ つぎの 文（ぶん）を よんで、もんだいに こたえましょう。

くさばなの なかには、とげの ある ものが あります。とげは、えだや はの 先（さき）に あります。とげには、みを まもる ためや、水（みず）や 雨（あめ）の みずを ためる ための はたらきが あります。

サボテンは、とても あつい ところでも そだちます。サボテンの とげは、はが かわった ものです。くきに 水を ためて、そだちます。とげから 空気（くうき）中の 水分を とりこんで そだつ サボテンも あるそうです。

わるなすびや あざみの とげは、みを まもる ために あります。おじぎそうは、さわると はを とじて、みを まもります。

もくひょう **20**ぷん

がつ	にち
とくてん	てん

① 「といの 文」を かきぬきましょう。 [20てん]

［　　　　　　　　　　　　　　　　　　　　　　　　］

② サボテンは どんな ところで 生まれましたか。 [10てん]

・（　　　　　　　　　　　）や それに ちかい ところ。

③ サボテンに とげが あるのは、なんの ためだと
かんがえられて いますか。 ［一つ10てん[30てん]

・サボテンの （　　　　　　　　）の （　　　　　　）を

ねらう （　　　　　　　　）たちから、みを

まもる ため。

④ はの 先が とげのように なって いる 草花は、
なんですか。 [10てん]　　　　　（　　　　　　　　　　）

⑤ サボテンの ほかに、くきに とげの ある
草花を、二つ かきましょう。 ［一つ15てん[30てん]

（　　　　　　　　）・（　　　　　　　　）

こたえ ● 92ページ

■ つぎの 文（ぶん）しょうを よんで、もんだいに こたえましょう。

雨（あめ）が ふると、人（ひと）は かさを さして 雨（あめ）を ふせぎます。雨（あめ）の 日は、雨（あめ）が ふって くると いそいで いえへ 入（はい）ったり、やねの ある ところへ 入（はい）って あめやどりを します。

木（き）の みきや 葉（は）は、雨（あめ）に ぬれても、もとから 水（みず）を すいこむ ように して います。花（はな）の つぼみは、雨（あめ）に あうと、うえに むけて 口（くち）を あけます。

雨（あめ）に あたると、花（はな）や 草（くさ）の みどりが こく なります。虫（むし）たちは、雨（あめ）に ぬれないように、土（つち）の 下（した）に かくれたり します。

この ように して、雨（あめ）は、元気（げんき）に なったり、雨（あめ）が ふると 大（だい）水（みず）に なって しまう ことも あります。

もくひょう 20（ぷん）
がつ　にち
とくてん　てん

① 雨の 日に、おなじの どうぶつが 雨やどりを するのは、なぜですか。 1つ5てん【30てん】

・（　　　　　　　）が（　　　　）に ぬれて
（　　　　　　）ように する ため。

② くまだけは、どうして 雨やどりを しますか。 【10てん】

（　　　　　　　　　　）

ここだと、
大きい ねもも
ぬれない。

③ 草の はの かげで 雨やどりを する どうぶつは、なにと なにですか。 1つ5てん【20てん】

（　　　　　　　）・（　　　　　　　）

④ くらやまありは、雨が すに 入って こないように する ために、どう しますか。 1つ5てん【20てん】

・すの（　　　　　　）を（　　　　）で ふさぐ。

⑤ 雨が 大すきな どうぶつは、なにと なにですか。 1つ5てん【20てん】

（　　　　　　　）・（　　　　　　　）

こたえ ◎ 92ページ

■ つぎの 文しょうを よんで、もんだいに こたえましょう。

木は なにかに たおれる ほうが、おもたい 石や 木の みを ゆらして しまいます。

このうちで、石の うえには、土の 中に、うえは すなに うもれて しまいます。

石の おもい ところに みが なる 木の えだの 下に あたります。

みんなが みると、たへんの 日すうが たへんの 石が みんなに たべられて います。

たべられた みは、たくさん 日すうが すくない ところへ はこばれて いきます。

木の みは なにかに ふれると、おもたい 石や 木の みを ゆらして しまいます。

※石……石の上。

① あきの おわりごろ、こんちゅうは どこに ありますか。

［1つ5てん〔30てん〕］

・よく （　　　）の あたる （　　　　　　）だ、

（　　　　　　）に あします。

② 「とうの 文」には ——せんを、「ごぶんの 文」には 〜〜せんを 文の 右がわに ひきましょう。

［1つ5てん〔20てん〕］

③ こんちゅうは ふゆを こす とき、どこに かくれますか。三つ かきましょう。

［1つ5てん〔30てん〕］

（　　　　　）・（　　　　　）

（　　　　　）

④ じめんと はんたいがわは、それぞれ どこに ふゆを こしますか。

［1つ5てん〔20てん〕］

(1) じめん

（　　　　　　　　　）

(2) はんたい

（　　　　　　　　　）

▲ペリカン

▲はちどり

▲いぬわし

とりの くちばしは、たべものを とるのに べんりな かたちを しています。

はちどりの くちばしは、ほそくて ながく、花の みつを すいやすく なっています。

いぬわしの くちばしは、さきが するどく まがっていて、大きな えものを ひきさくのに べんりです。

ペリカンの くちばしは、大きな ふくろのように なっていて、水を のんだり、えさを とったり するのに べんりに できています。

■ つぎの 文しょうを よんで、あとの もんだいに こたえましょう。

① いきもの くちばしは、(1)どんな かたちを して いますか。また (2)なにを たべますか。

1つ5てん【45てん】

(1) どんな かたちを して いるか。

・（　　　　　　　）で、先（さき）が（　　　　　　　）なって いる。

(2) なにを たべるか。

・（　　　　　　　）などの（　　　　　　　）。

② ツキが 大（おお）きな さかなを 丸ごと ひとのみ できるのは、なぜですか。

【8てん】

（　　　　　　　　　　　　　　　　　　　）

③ はちどりは、ほそながい くちばしで なにを すいますか。

1つ5てん【20てん】

・（　　　　　）の おくに ある（　　　　　　　　　）。

④ ペリカンは、くちばしで どう やって えさを とりますか。

1つ5てん【20てん】

・（　　　　　）と いっしょに（　　　　　　　）を すくいとる。

こたえ ● 92ページ

▼キツツキフィンチ

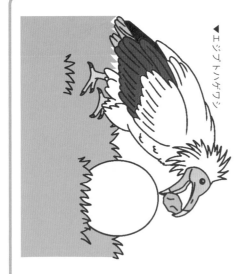

▼エジプトハゲワシ

■ つぎの 文しょうを よんで、もんだいに こたえましょう。

キツツキフィンチは、木のあなの中にいる虫をとって食べますが、くちばしがみじかくて、おくのほうにいる虫をとることができません。そこで、サボテンのとげをくちばしにくわえて、木のあなにさしこみ、中にいる虫をおい出してつかまえます。

エジプトハゲワシは、だちょうのたまごをわって食べますが、くちばしではかたいからをわることができません。そこで、くちばしに小石をくわえて、上からたまごにぶつけて、からをわって、中みを食べます。

① カワセミが さかなを たべる じゅんに なるように、□に ばんごうを かきましょう。

1つ10てん【30てん】

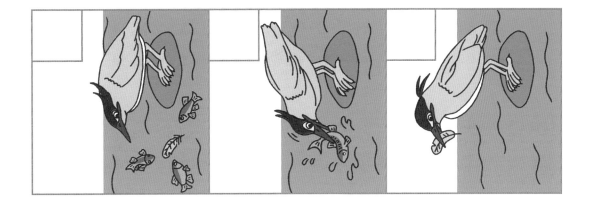

② キツツキフィンチは 木の あなに かくれた 虫を たべる ときが、(1)なにを つかいますか。 また (2)どのように して たべますか。

1つ20てん【40てん】

(1) なにを つかうか。

（　　　　　　　　　　）

ほそながい 木の えだを つかいます。

(2) どのように して たべるか。

（　　　　　　　　　　）

③ エジプトくくろうは だちょうの たまごを どのように して たべますか。

1つ15てん【30てん】

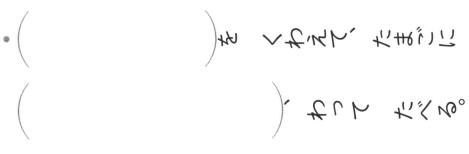

・（　　　　　　　　）を くわえて たまごに
　（　　　　　　　　）、わって たべる。

こたえ ◯ 93ページ

■ つぎの 文しょうを よんで、あとのといに こたえましょう。

ん虫を、あらわすことばですから、あまりよいことがおこるときにも、つかっているのです。

ですが、上げたときのちからがつよいために、見はいろいろもよいものが見は、たべもののとりかたにもちがいがあるからです。

気づいたときには、ちかくにとんでいる虫を、大きなよい目でみつけて、とびだしてつかまえます。

そのとき、はねを早くうごかして、あまりはやくあまりとびだしてあるからです。

これを虫たちは、いちはやく草原にとびたつのです。

① あまがえると たこが なかよしなのは なぜですか。
ふたつに わけて かきましょう。 [１つ１０てん【54てん】]

・（　　　　　　　　）が あかく ときが あんぜんで

とびだした（　　　　　　　　）を

（　　　　　　　　）が たべるから。

・（　　　　　　　　）は（　　　　　　　　）が

ちがって にげるので、たこも

（　　　　　　　　）ことが わかるから。

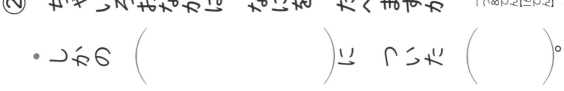

② ちゃいろがえるは、なにを たべますか。 [１つ１２てん【10てん】]

・しの（　　　　　　　　）に ついた（　　　　　）。

③ ありどりは、なにを たべますか。 [１つ１２てん【30てん】]

・（　　　　　　　　）の（　　　　　　　　　　　）に

あんぜんて とびだした（　　　　　　　　）。

こたえ ◆ 93ページ

もくひょう
20ぷん

がつ　にち

とくてん

点

■ つぎの 文しょうを よんで、もんだいに こたえましょう。

にほんには、ひじょうに たくさんの ふねが はしって います。

ふねには、いろいろな しゅるいが あります。大きな 人を のせたり、車を のせたり する ふねも あります。

ジェットフォイルは、スピードが はやい ふねです。ふねの そこに つばさが ついていて、スピードが 上がると、体が 上に あがります。

フェリーは、人や 車を はこぶ ふねです。中には、ベッドや おふろが ついている ものも あります。

▶ジェットフォイル

©PIXTA

① せんすいかんは どんな ふねですか。

・( ) を のせて

( ) ふね。

なん百人も
のせられる
ふねも あるよ。

② ながい ふねの たびを たのしめるように せんすいかんに どんな ものを そなえて いますか。三つ かきましょう。

( ) ・ ( )

( )

りくの 上と
おなじように
すごせます。

③ ジェットフォイルは、スピードが 上がって くると うき上がるのは、なぜですか。

( )

④ じどう車せんようせんの 中は、どのように なって いますか。

( )

こたえ ▶ 93ページ

■ しぜんの つぎの ような、あうか もじを えらんで □に いれて つくりましょう。

たしざん

　　　　　　　はせ　峰子(みねこ)

せ＋ほ＝い
ほ＋し＝し
き＋み＝み
ほ＋へ＝へ
あ＋い＝い　みんな　一字(いちじ)ずつ　へらされたけど

そ　せ　す　し　さ
こ　け　へ　き　か
お　え　つ　い　あ

ふくらんでくる
それいじょうの
みんなの たしざんが
ひとつぶつぶの たしざんで
ふくらんでいます

（はせ峰子『いちねんせいになったあなたへ』〈朔北社〉より）

① 「あ＋い」「ほ＋く」のように、文字を くみあわせて できる ことばの くらの ことばを かきましょう。[20てん]

② 「ひらがな」では、なぜ 「ひらがな」なのですか。
  正しい ものに ○を つけましょう。[20てん]

　あ（　）文字が たくさん ある こと。

　い（　）あいうえお かきくけこ さしすせそ…
　　　　　など、文字が つづく こと。

　う（　）文字を くみあわせて、いろいろな こ
　　　　　とばが できる こと。

③ 「あいうえお かきくけこ さしすせそ」から
  「あ＋い＝あい」のように 文字を 三つ
  くみあわせて、二字の ことばを 四つ
  つくりましょう。
  [1つ5てん][20てん]

　（　　　　　）・（　　　　　）

　（　　　　　）・（　　　　　）

文字を くみあわせると、ことばが たくさん できるよ。

こたえ ➡ 93ページ

■ しの つづき よんで、きもちを いいましょう。

（まど・みちお『まど・みちお全詩集』〈理論社〉より）

ほんとに
いかした
ひとすじに
しょうじき
けなげな
りました

なんだか
ほほえましく
なってしみて
だけして
かいた
もた

えんりを
おしていも
いっぽんに
たかそうた
しました

おやねこ
からでも
ぶんがも
ねをみて
かました
としょうと

まど・みちお

おやねこが　こねこを　かぞえました

① おにるが かいた ものは なんですか。 [20てん]

（　　　　　　　　　　）

② 「なんだか すこし さみしい」と おもって おにるが ぶねに つけた ものは、なんですか。一つに ○を つけましょう。 [20てん]

あ（　　）えんとつ

い（　　）けむり

う（　　）しっぽ

おにるは、じぶんの からだと いろいろと くらべたのかな。

③ おにるが、とても よろこんで いる ようすを あらわす 「きもち」を かきぬきましょう。 [20てん]

（　　　　　　　　　　）

④ この しで くりかえし つかって いる ことばは どれですか。二つに ○を つけましょう。 [一つ20てん【40てん】]

あ（　　）「かいてみましたか。」などの「て」。

い（　　）「おにるが」の「が」。

う（　　）「ぶねを」の「を」。

え（　　）「かきました」などの「ました」。

こたえ ● 94ページ

へんじだけのあいさつより

そらをだきあうほうが

おだやかの

えりのほうが

たけまらをだきあわせて

まそらを見あわせて

りゆうだけの

工藤　直子
（くどう　なおこ）

たけのこ

■しのつをよんで、きもちについて、こたえましょう。

① こおろぎは、一日の いつ かつどうを しますか。□に ○を つけましょう。[25てん]

あ( ) あさ

い( ) ひる

う( ) ゆうがた

「おせちい」の ことばから かんがえてね。

② 竹の子が 土から 出て くる ようすを あらわす 六字の ことばを かきましょう。[25てん]

③ 竹の子の かわが なんまいも かさなって いる ようすを、どう あらわして いますか。八字の ことばを かきましょう。[25てん]

④ 竹の子は いま どんな ようすですか。□に ○を つけましょう。[25てん]

あ( ) まだ ぐっすり ねむって いる。

い( ) おきたばかりで、まだ ねむくて 目が さめて いない。

う( ) すっかり 目が さめて いる。

（いがらし・たみこ『ぽけっとのなか』〈国土社〉より）

そらまかせの
にへ おかあ
で たへ。 おかあ
いなへ、 ぼのさんの
て のへ ぼのなケ
のなケ がなの ジ
　ジの のジト
　トの ケ
　　ケの
　　　ト

「ほん……」

「あまた ゆ…が」

おはあ
あへの
なゆしてゆして
いへのしてい
てしほいがて
ていにはいる。
　　　ト てしには
　　　ト ケジ
　　　　ケ ト
　　　　ジ ボ。
　　　　ト ボ。ケジト

いがらし・たみこ

ポケ。なの のジト て

■ しの つぎの ところを よんで、あとの もんだいに こたえましょう。

① おかあさんの ポケットには だれと だれの 手が 入って いますか。 [一つ2てん[20てん]

・(　　　　　　　)と (　　　　　　　)。

② おかあさんの ポケットは どんな ようすの ポケットですか。また おかあさんと ぼくの 手が なにを して いる ポケットですか。三つ かきましょう。 [一つ20てん[60てん]

・(　　　　　　　)ポケット。

・(　　　　　　　)ポケット。

・(　　　　　　　)ポケット。

③ 「そとに でたくない ぼくの て」から ぼくの どんな 気もちが わかりますか。「　」に ○を つけましょう。 [20てん]

あ(　) 大すきな おかあさんと いつまでも 手を つないで いたいな。

い(　) ポケットの 中は せまくて ちゅうくつ だな。

う(　) おかあさんが 手を はなして くれなくて こまった な。

こたえ ◯ 94ページ

36

ものがたり
まとめテスト①

なまえ

もくひょう 20ぷん
がつ　にち
とくてん　てん

■ つぎの 文しょうを よんで、もんだいに こたえましょう。

ありました。

たちは、みんな、木のえだにとまっていました。

あるとき、おおきな木のそばに白いとりがとんできて、とまりました。そして、ばらいろに花がいっぱいさいているのを見て、こういました。

「あなたは、だれですか。」

すると、ばらの花はこたえました。

「わたしは、ばらというものです。」

「ばらさん、あなたは虫をとっているのではありませんか。」

とりは、ききました。

「いいえ、わたしは、虫などとりません。」

と、ばらの花はこたえました。

「では、あなたは、なにをしているのですか。」

とりは、また、ききました。

すると、ばらは、

「わたしは、木のえだの中の虫を目あてにしているのではなくて、いいにおいを出しているのです。」

と、こたえました。

（新美南吉「木のすきなにわとり」
『おはなしパーク1年上』学習研究社よ
り）

（注　虫は、木のえだの中にいます。白いとりは、その虫をたべるために、木にとまっています。花は、いいにおいを出していません。）

① しじみちょうは、ほたるを なにに たとえましたか。四字で かきましょう。
[12てん]

② ほたるが きえいを こいねがったのは なぜですか。
一つに ○を つけましょう。
[12てん]

あ（　）しじみちょうから きゅうに きそわれて、びっくりしたから。

い（　）よるの 虫なので ひるまに 出かけて いくのは たいくんだから。

う（　）よるの 虫なので みんなが なかまに して くれないと おもったから。

③ ちょうちょうたちは、(1)どのように あそびましたか。また、(2)つかれたら、なにを ざぶとうに なりましたか。
[一つ12てん、24てん]

(1) 木の まわりを（　　　　　　　　　　　　）

のように とびまわって あそんだ。

(2) 白い 花の（　　　　　　　　　　　　）。

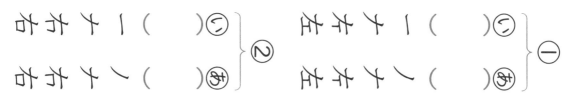

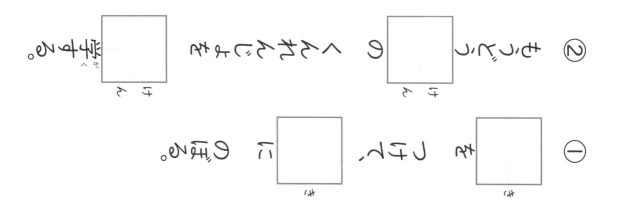

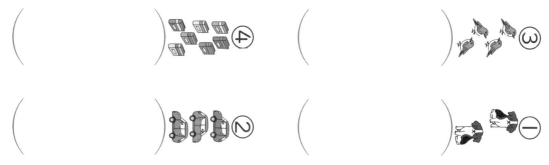

1　えの ものの かずを かん字と ひらがなを つかって かぞえる もじを かきましょう。
[1つ3てん/12てん]

①（　　　　　）

②（　　　　　）

③（　　　　　）

④（　　　　　）

2　おなじ よみかたの かん字を、□に かきましょう。
[1つ4てん/8てん]

①　　を しけて、□けに　□に のほる。

②　もじの へんを　□けんを よんに する。

3　かん字の よみがなの 正しい ほうに、○を つけましょう。
[1つ4てん/8てん]

①　あ（　　）いち　い（　　）いっ　左　右

②　あ（　　）ト　い（　　）ー　右右

76

4 えに あう ことばを ひらがなで かきましょう。

[1つ5てん〔25てん〕]

① か

② こ゛

③

④ こ

⑤ し

⑥ さ

5 つぎの 文の □に、「わ・は・お・を・え・へ」の どれかを かきましょう。

[1つ5てん〔40てん〕]

① □ □だし□ □、つくえの うえに。

□ □だ□、ぶした。

にもつの なかみは くるま
にもつの うしろに つくえ
つくえのうえが ねこだね。

② ほく□ □、とうさん□
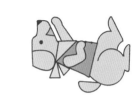

□ いがかん□ □いった。

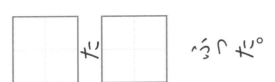
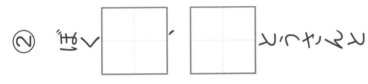
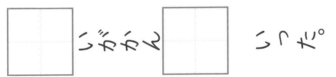

▶カンガルー

▶くもざる

▶りす

■ つぎの 文しょうを よんで、こたえましょう。

あしを とどくと、はねかえし、けって ぴょんと とびあがります。

カンガルーは、のはらや 木などに すんでいます。カンガルーの たいは、おもい しっぽを バネのように つかって、あしで じめんを けって、とびあがったり します。

くもざるは、木の うえに すんでいます。木の えだから えだへと うつるとき、ながい てあしと しっぽを つかいます。しっぽを えだに まきつけると、からだを ささえることが できます。

りすは、木の うえに すんでいます。しっぽを つかって、バランスを とります。

なまえ

もくひょう
20ぷん

がつ　にち

とくてん　てん

① くもざるの いちばんの「手のような はたらき」とは、どんな ことですか。 [25てん]

　・くだものを （　　　　　　　　　　　）、えだを

　しっかり （　　　　　　　　　　　） する こと。

② りすが 木の えだを すばやく はしる ことが できるのは、なぜですか。 [25てん]

　・（　　　　　　　　） で、からだの （　　　　　　　　　　　）

　を とって いるから。

③ りすが 木から とびおりても すばやく おちないのは、なぜですか。 [20てん]

　（　　　　　　　　　　　　　　　　　　　　　　　　　　　）

④ カンガルーの おすどうしが けんかで あい手を ける ときは、どう しますか。 [25てん]

　・（　　　　　　　　） で からだを ささえ、

　（　　　　　　　　） で あい手を ける。

こたえ ● 95ページ

2 つぎの ——せんの かん字を、正しい よみがなを ひらがなで かきましょう。

[1もん　5てん]

① ___ねが つかれる。　（　　　　）

② 犬の あし。　（　　　　）

③ ちいさい 赤ちゃん。　（　　　　）

1 つぎの ——せんの かん字の よみがなを かなで かきましょう。

[1もん　5てん]

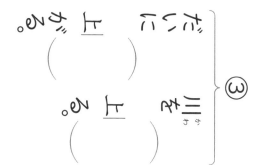

③ 川を 上る。（　　）　上に 上がる。（　　）

① ちからを 出す。（　　）　そとへ 出る。（　　）

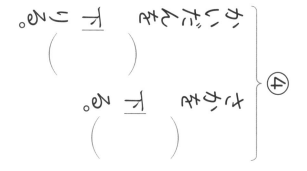

④ かいだんを 下る。（　　）　下り。（　　）

② 水を 入れる。（　　）　いえに 入る。（　　）

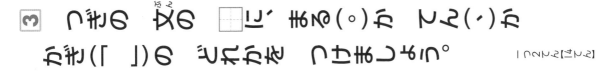

③ つぎの 文の □に、まる(。)か てん(、)か かぎ(「 」)の どれかを つけましょう。 1つ2てん[12てん]

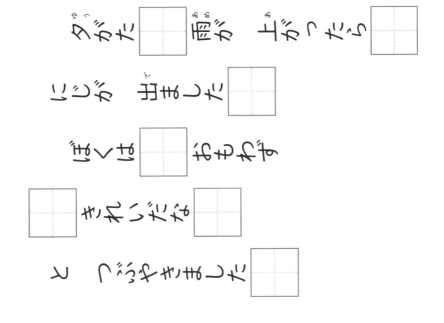

ゆうがた□ 雨が 上がったら□

にじが 出ました□

ぼくは □おもいます

□きれいだな□

と つぶやきました□

④ ——せんの ことばを、①・②は「ふつうの いいかた」に、③は「ていねいな いいかた」に なおして、文ぜんたいを かきなおしましょう。 1つ8てん[24てん]

① ぼくは、木の 下で 休みました。

（　　　　　　　　　　　　　）

② あす、えん足が あります。

（　　　　　　　　　　　　　）

③ おとうとは、とても げん気だ。

（　　　　　　　　　　　　　）

こたえ ○ 95ページ

なまえ

もくひょう
20ぷん

がつ　にち

とくてん　てん

■ しを よんで、あとの もんだいに こたえましょう。

たけのこ　ぐんぐん

なかの　さなえ

ぼくらはたけのこ
そらへむかって
たくましくのびる

たいようにむかって
のびるんだ
たけのこはたのしいよ
そうさにんげんもおなじだ
たくさんたべて
むねのなかに
もえているものは
たいようとおなじだ
こころのなかに
ほしをもっている
ほしもそうだ
そのひかりで
もえているんだ

(あさのあつこ「たんぽぽのコーヒー」〈理論社〉より)

① この し（詩）で、「ぼく」にも あるのは、なんですか。七字の ことばを かきましょう。
[10てん]

② なにに 「まけちゃうから」 のですか。三つ
かきましょう。 1つ5てん[15てん]

（　　　　　　　）・（　　　　　　　）

（　　　　　　　）

じぶんを
はずかしく
おもんだ。

③ 「(まけじだましいが) ぼくの むねのなかで
もえているんだ」と おなじ いみを あらわす、
二字の ことばを かきぬきましょう。 [10てん]

④ この しから どんな かんじを うけますか。
「1つに ○を つけましょう」 [10てん]

あ（　　）つらく かなしい かんじ。

い（　　）よわよわしく たよりない かんじ。

う（　　）いきおいよく ガつよい かんじ。

こたえ ● 96ページ

83

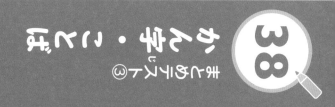

1 かたちの にた かん字に 気を つけて、□に かん字を かきましょう。 [1もん5てん]

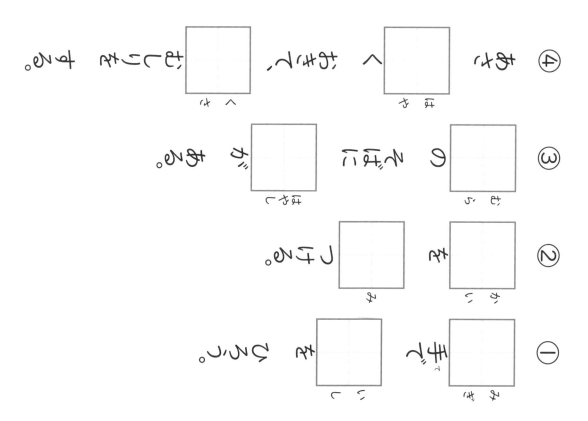

① □て □を ひろう。

② □を □つける。

③ □の そばに □が ある。

④ □へ いって、□に もどにする。する。

2 □に かん字を かきましょう。 [1もん8てん]

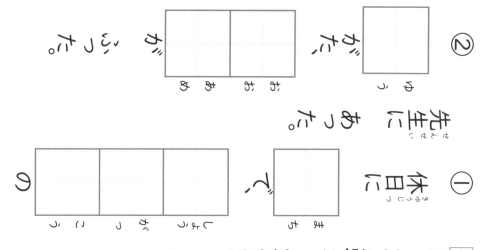

① 休日に □まで 先生に あいに いった。の □□□

② □□が とじた。

こたえ ● 96ページ

３ かたかなの ことばを かきましょう。 1つ2てん[10てん]

①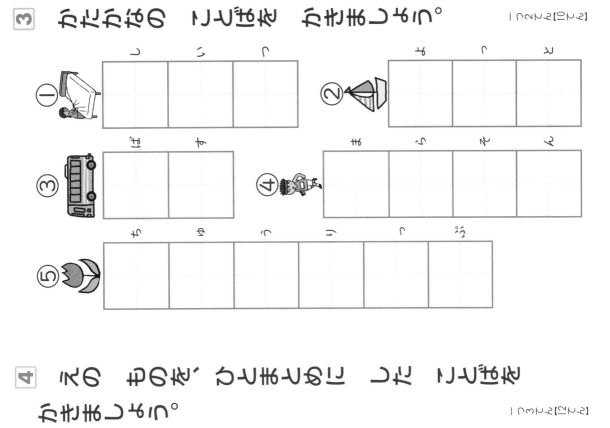

②

③

④

⑤

４ えの ものを、ひとまとめに した ことばを かきましょう。 1つ3てん[12てん]

① （　　　　　　）

② （　　　　　　）

③ （　　　　　　）

④ （　　　　　　）

５ えを 見て、□に あう ことばを かきましょう。 1つ3てん[9てん]

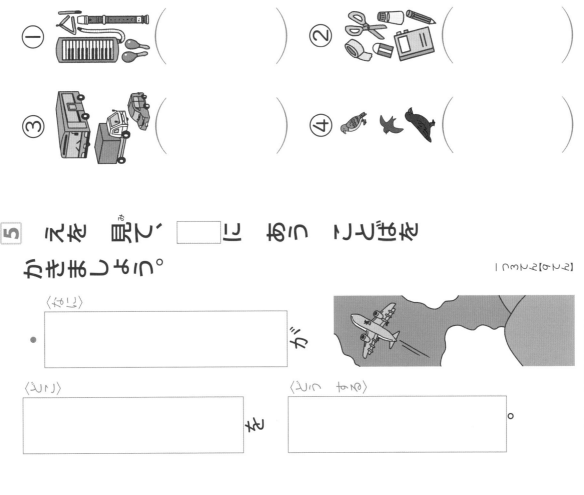

〈なに〉
・　　　　　　　　　　が

〈どこ〉
　　　　　　　　　を

〈どう する〉
　　　　　　　　　。

こたえとアドバイス

▶「アドバイス」は、まちがえた問題の指導に役立ててください。

◀「アドバイス」も参考にしてください。まちがえた問題は、何度も練習しましょう。

おうちの方へ

---

① かんじのよみかた 4〜5ページ

1
① かわ ② あめ ③ た ④ たけ ⑤ くち ⑥ め ⑦ あし ⑧ やす

2
① びゃく・とし ② まる・おお ③ やま・せん ④ つき・め ⑤ やす・ちから

3
① た・ほん ② むし・けん ③ おがわ・かわ ④ とび

アドバイス

1 ① ち・と ② じ・し ③ き・けん ④ ひ・び ⑤ き・きん
⑥ き・へん ⑦ し・と ⑧ や・ふ

2 ① に・だい ② まる・がん ③ ひゃく・びゃく ④ もく
⑤ め・めん

3 ① へ・しゅ ② おお・だい ③ へん・や ④ すい・ぎ
⑤ みず・か

---

② かんじのかきかた 6〜7ページ

1
① 川 ② 雨 ③ 田 ④ 竹 ⑤ 口 ⑥ 目 ⑦ 足

2
① 手・人・男 ② 立 ③ 貝・子 ④ 女

3
① あ ② い ③ あ ④ あ

4
① 夕・山 ② 止・白 ③ 糸・白 ④ 学・青・気
（順同）

アドバイス

3 漢字はもともと絵のような形の文字です。漢字の成り立ちを学習します。

1 「一」「二」「三」「…」と画数を数えます。

2 熟語になると、読み方が「学」の「ガク→ガッ」のように変わることに注意しましょう。

3 関連せる漢字の音と訓の両方の読み方を覚えましょう。・1・3

---

③ かずのかんじ・ひらがな・ひらがなのかきかた 8〜9ページ

1
① 三 ② 四 ③ 五 ④ 六 ⑤ 八 〈ほ〉⑦ 九
⑧ 十

2
① 千 ② 円

3
① 百年 ② 百円

4
① じょうず ② おうじさん

5
① 正しい ② 小さい ③ 大きい ④ 白い
⑤ 青い ⑥ 正しい ⑦ 早い

アドバイス

1 えんぴつやかんじから、ひらがな・かんじの正しい筆順で書きましょう。

---

④ なまえのかんじ 10〜11ページ

1
① 目・耳・手・足 ② 竹・花・草
③ 草・花（順同）

2
① 下 ② 左

3
① 貝 ② 虫

4
① 小・中・大 ② 木・竹 ③ 大・木
④ 中・小（順同）

4
① 名・本・金（順？）
② 天・川
③ 森・木・林

3
① 日・月・火・水・木・金・土（順同）

アドバイス

1 物を数える言葉を「助数詞」と押します。
② 小動物は「匹」、鳥
④ 紙などは「枚」、家は「軒」、本は「冊」
⑥ 紙（ノート）「台」、車は「台」、「戸」（お店）
⑦ 鉛筆は「本」、「用」
⑧ 小さいものは「個」「枚」
送り仮名で、「本」、「小」などいろいろな言葉があります。

アドバイス

1 漢字を体や植物、動物、大きさの仲間に分け、関連づけて復習しましょう。他にも自然（山・川・林・空）、色（赤・白・青）、人（男・女・子・王）などにもふれておきましょう。

2 方向を表す漢字として組みにして覚えることで、理解が広がります。

3 曜日の漢字は、毎日、目にするもので、日常生活でよく使います。読み書きが正しくできるようにしましょう。

5 きほん まちがえやすい かん字 12～13ページ

1 ①日・火 ②虫・中 ③千・先 ④子・小 ⑤天・雨

2 ①大・犬 ②王・玉 ③員・見 ④九・力 ⑤右・石 ⑥人・入 ⑦林・休

アドバイス

1 同訓異字や同音異字の問題です。漢字にはそれぞれ意味があるので、問題文から漢字の意味を考えて、答えを書くようにしましょう。

2 字形の似た漢字の問題です。それぞれの漢字のどこが違うのかを意識しながら、正しい漢字を書きましょう。

6 きほん かん字を くみあわせて ことば 14～15ページ

1 ①はなみ ②くさばな ③はやくち ④でぐち ⑤ひゃっぽん ⑥ろっぴゃくえん ⑦だいがくせい ⑧しょうがっこう

2 ①上下 ②男女 ③左右 ④大小

3 ①手・糸車 ②犬・足音 ③夕日・見 ④正月・年玉 ⑤休日・山

アドバイス

1 ②「草花（くさばな）」⑥「六百円（ろっぴゃくえん）」⑧「小学校（しょうがっこう）」など、一部の音が濁音、促音、半濁音に変わるので、注意しましょう。

2 反対の意味をもつ漢字の二字熟語です。

3 ①「糸車（いとぐるま）」④「お年玉（としだま）」の読みにも注意しましょう。

7 実力アップ かん字 16～17ページ

1 ①まち・むら・ちょうそん ②おとこ・おんな・だんじょ

2 ①車・三・だい ②虫・五・ひき ③木・六・本〈ぼん〉 ④人・四・人〈にん〉

3 ①村・林 ②多・名 ③土・上 ④百・白

4 学校・休・先生・一生・文字

アドバイス

2 ②「ひき」は、「三びき」「くひき」のように、上にくる数字によって濁音、半濁音に変わります。
③「ほん」も、「一ぽん」「三ぼん」のように変わります。

3 字形が似ていて書き誤りやすい漢字です。問題文のように、一つの文の中で使い分けると違いを理解しやすいでしょう。

右ページ

⑧ きほん ひらがな①　18〜19ページ

1 ① は・イ・す・ア・イ
2 ① すめ・しつ ② かん・なか
③ たろう・かたち ④ まくら・くまで
3 ① はし ② おに ③ かさ
④ てつぼう ⑤ ほん

⑨ きほん ひらがな②　20〜21ページ

1 ① おかあさん ② ねえさん
③ おにいさん ④ おねえさん
⑤ こおり ⑥ とけい
2 ① おおかみ ② こおろぎ
③ おとうさん
3 ① こおり ② とおく ③ おおい
4 ① おかあさん ② ねえ
③ おとうと ④ おねえさん

◆アドバイス①
1・2　イ列・ウ列の長音の表記をまちが
えやすいので、注意しましょう。

左ページ上

⑩ きほん 文づくり①　22〜23ページ

1 ① ぼくは、おにいさんと
あそびました。
② わたしは、先生に、「おはよう
ございます。」と、あいさつを
しました。
2 ① ぼくは、ゆうびんきょくへ
いきます。
② わたしは、くつを、あらいました。
3 ① は ② を ③ へ ④ に
4 ① は・を・へ・に・まで
② は・三・は・へ・と

◆アドバイス①
助詞「は・を・へ」は言葉の後につき
ます。「は」は主語を、「を」は動作の対象や
働きを、「へ」は言葉の後について方向や
対象を付け加える働きがあります。

---

⑪ 実力アップ　24〜25ページ

1 ① だれ ② どうして ③ なにが
④ どこ ⑤ いつ ⑥ なぜ
⑦ なにを
2 ① ぶん・ぶん ② たべる・たべた
3 ① （はんたい）
おかあさんに、「いってきます。」と、
いいました。

4 ① わたしは、おべんとうを
たべました。
② わたしは、にいさんに「おにいさん、
いっしょにあそぼう。」といいました。

◆アドバイス①
読点（、）は文の中の意味の切れ目に、
句点（。）は文の終わりにつけます。話し
た言葉の前後に「 」がつけられます。

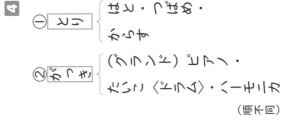

アドバイス

1 物促音はます目の右上に書きましょう。

4 助詞「は・を・へ」の正しい使い方を確かめましょう。

12 きほん かたかなの ことば 26〜27ページ

1 ①ミシン ②ソース ③カップ ④プリン ⑤ケチャップ ⑥ヘリコプター

2 ①キャベツ・トマト ②ピアノ・カスタネット (順不同)

3 ①オートバイ・トラック・モノレール・タクシー ②サラダ・レモン・パン・バナナ ③ワンワン・ガチャン・モーモー・ドンドン (順不同)

アドバイス

1 「シ」と「ツ」、「ン」と「ソ」は字形が似ているので注意しましょう。かたかなの長音は、長音記号「ー」で表します。

2・3 外国から来た食べ物や楽器、乗り物、音や鳴き声などは、かたかなで表します。

13 きほん ようすを あらわす ことば・なかまの ことば 28〜29ページ

1 ①きらきら ②さらさら ③ばたばた

2 ①赤い ②白い ③ゴロゴロ ④コロコロ

3 ①やさい ②くだもの ③(こん)虫 ④さかな

4
①とり { はと・つばめ・からす

②がっき { (グランド)ピアノ・たいこ〈ドラム〉・ハーモニカ (順不同)

アドバイス

1 ①「きらきら」は、激しく光り輝く様子 ②「さらさら」は、よどみなく流れる様子 ③「ばたばた」は、あらあらしく踏み歩く様子を表します。

14 きほん 文づくり② 30〜31ページ

1 ①ねこ・さかな ②うま・にんじん ③たぬき・りんご

2 ①は ②く ③を ④く

3 ①が・を ②が・に〈で〉 ③から・まで ④で・を

4 ①りす・木・のぼる ②きりん・足・ながい ③ぞう・耳・大きい

アドバイス

3 助詞の問題です。「が」は主語が何であるかを、「に」と「で」は場所を、「から」は起点を、「まで」は終点を示します。

4 ①「だれ（何）が・何に・どうする。」②・③「だれ（何）の・何は・どんなだ。」の文の形を意識して文を作りましょう。絵の内容に合っていれば正解です。

15 実力アップ ことば② 32〜33ページ

1 チョコレート・ケーキ・フライパン・ドーナツ・スプーン・カップ (順不同)

17 きほん 36〜37ページ

■1 ①「だ」「よみがな」「かたな」
②「だ」「よみがな」「する」
③「だ」「かたな」

■2 ①すべて・草・木・山（未編）
②山・村・林・草・木

〈ます〉
①つける・ぶんかい・にほん・あつめる・ほろぶ

アドバイス
①「です・ます・だ」について書かれた文です。
②「だ」の後の形を押さえましょう。
③「だ」の後の文につづく、場所を表す言葉について書かれています。

②（「へ」「と」）へ・へ
①（「を」）だ・べる・のく・の村・のと・だ

②（「と」「に」「へ」）へんかく・にほん・
③花・すべて・の花・ある
④赤い・ある
⑤ふえる

16 きほん 34〜35ページ

■1 ①「だ」「よみがな」「する」
②「だ」「よみがな」「する」「かたな」

■3 1つ1つの物の名前を表す言葉（下位語）と、それらをまとめて表す言葉（上位語）の関係について学びます。

アドバイス
①それ・れ
②れ・ます・べる

■4 ①れ・れ
②れ・木・草・たんぽぽ

■3
①花 ②のつもの
あさがお・たんぽぽ・ばら

■2
①からだ ②からだ
③からだ ④にいさん

アドバイス
①一日のうちの時間帯を表す言葉です。
②四年生・小学・村町・ある・あらた〈なる〉
③あげ・白い・やまい
④たく・大きい・すい
⑤う

18 きほん 38〜39ページ

「だ」「です」について
「か」を付けて答えます。

アドバイス
①「だ」は、何・な・べる・する
②〇〇「も」〇〇、の文の中で、同じ要素がくりかえされているときに注目します。
⑤理由を問われているので、文末に「から」を付けて答えます。

■1 小さな・ある町・村の・ある
②れ・の花・のつもの・四年生・あげ・白い・やまい・大きい・すい・う〈なる〉
③あげ・白い・やまい
④たく・大きい・すい
⑤う

19 実力アップ 40〜41ページ

■1 ①（ます）あつまる。日
②小学・すいべ・まもる
③「白い」「する」(2)ゆう(つ)しょう(した。)
④い・え

アドバイス
①「だ・です・ます」について答えます。
②1日のうちの時間帯を表す言葉です。
④④—①（ん）とえ、おとうさんの言葉の父父にふくまれる答えを書くことに注目しましょう。
⑤「だ」のつく大きい言葉があります。

④あつめる・中
⑤れ・だ
④だぶの花
（ます）おける〈おけます〉
な・あける・にあたる
れ

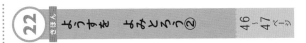

22 きほん ようすを よみとろう② 46〜47ページ

■ ①⑦

②あ○ ①△ ⑤◎ え○ お○

③王さま

● アドバイス

■ ②王様が めんどりに 言った ことを、
そのめんどりが 産んだ たまごが そっくり
くり返して いる ことを 理解しましょう。

③「ぼくが とりごやを あけたのを
……。」の 言葉から 考えましょう。

23 実力アップ ものがたり② 48〜49ページ

■ ①⑦

②そうだん・木の ところ

③まつり

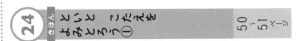

● アドバイス

■ ①「おや」「おや」の すぐ 前に 「いつも
ちがう においに 気が ついて」と あ
ります。

②・③ちょうちょうたちは 花の においが
とても 好きなので、よい においが して くる
のに 放って おけないと 感じ、みんなで
相談して 決めたのだと いう ことを、最後
の 段落から 読み取りましょう。

24 きほん こどもを
よみとろう① 50〜51ページ

■ ①どのように して とおく は こ
ばれるのでしょう。

②わたげ

③とげ・じょうぶ

④なかまが（の だ ね。）

⑤ほうせんか

● アドバイス

■ ①「〜の 日」という 時を 表す 言葉
を 押さえましょう。

③駅長さんが 「白山ごう」に 乗って
大会に 出て、優勝したという お話の 流れ
を しっかり 読み取りましょう。

④草競馬の 場面と、戦地に 連れて いか
れる 場面の 時期の 違いを 押さえましょう。

20 きほん ほんを よみとろう 42〜43ページ

■ ①（しょうの）じんないさん

②この はしを わたるな

③一休さん・はし

④はし・まん中

● アドバイス

■ ③・④立てふだの 「橋を 渡るな」を
一休さんは 「端を 渡るな」という 意味に
とって、「橋の 真ん中を 渡った」という
お話の おもしろさを 味わいましょう。

21 きほん ようすを よみとろう① 44〜45ページ

■ ①王さま・かぎ・すてた

②ぼくが とりごやを あけたのを、
だれにも いうなよ。だまって いろ。

③⑦

● アドバイス

■ ①王様は、自分が とり小屋の 鍵を 開け
たのを 隠すために 鍵を 捨てたのを、部
屋に いた めんどりが 見ていたと 思ったの
です。

③王様の 部屋の 下に とり小屋の 鍵が
落ちて いたので、大臣は 犯人が 王様の 部
屋の 近くに 隠れて いると 思ったのです。

アドバイス

■ ①説明文でよく使われる「問いの文」を探します。この文章は、この問いに対して、いろいろな種が遠くへ運ばれる様子を説明する組み立てになっています。

25 きほん といと こたえを よみとろう② 52～53ページ

■ ①サボテンには、どうして たくさんの とげが ついて いるのでしょう。

②さばく

③くき・水・どうぶつ

④あざみ

⑤わるなすび・おじぎそう （順不同）

アドバイス

■ ③サボテンは乾燥地帯に生えるので、茎（くき）に水を蓄（たくわ）えているのです。

③・④・⑤とげを口にすると痛いので、動物たちは近づかないのです。

26 きほん 文の くみ立てを よみとろう 54～55ページ

■ ①からだ・雨・ひえない

②木のはの かげ。

③おにやんま・べにしじみ （順不同）

④入り口・土

⑤あまがえる・かたつむり （順不同）

アドバイス

■ ①雨の日、動物たちが外であまり見られないのは、雨にぬれて体が冷えないように、雨やどりをしているからです。

④くろやまありの巣は、地中に深くはりめぐらされているので、雨が巣に入らないように、入り口を土でふさぐのです。

27 実力アップ せつめい文① 56～57ページ

■ ①日・石がき・木の みき

②・てんとう虫は、どうして こう した ところに あつまるのでしょう。

・それは、てんとう虫が たくさんの なかまと いっしょに ふゆを こす ためなのです。

③石がきの すきま。・石の 下。・くさった 木の 下。 （順不同）

④(1)木の かわの 下（で）。

(2)土の 中（で）。

アドバイス

■ ①・③てんとう虫は、まず日当たりのよいところに集まり、それから集団で石がきのすきまや腐（くさ）った木の下などに隠れることをとらえましょう。

②文末表現の「～でしょう。」「～なのです。」に着目しましょう。

28 きほん じゅんじょよく よみとろう 58～59ページ

1 ①(1)かぎがた・するどく

(2)のうさぎ・にく

②れい くちばしが、（やりのように）するどく とがって いるから。

③花・みつ

④水・さかな

アドバイス

■ ①いぬわしのくちばしは、かぎ型になっているので、獲物（えもの）の肉を引きちぎって食べられるのです。

②さぎのくちばしは、やりのようにとがっているので、魚を突き刺せます。

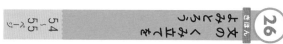

③はちどりのくちばしは、細長いので花の奥の蜜を吸い取れるのです。

④ペリカンのくちばしには、大きな袋があるので水と魚をいっしょにすくいとり、水を出して魚だけを食べることができます。

29 きほん 文の つながりを よみとろう①　60〜61ページ

■ ①

2	3	1

②(1)サボテンの とげ。

(2)（木の あなから）つつき出して たべる〈たべます〉。

■ ③小石・ぶつけて

アドバイス

■ ①きつつきは、鳥の羽や木の葉をつりのルアーのように使って、魚をとります。

②木の穴の奥にいる虫は食べることができないので、サボテンのとげで穴をつつき出してたべたいものを食べるのです。

③だちょうの卵の殻は丈夫なので、小石をぶつけて割るのです。

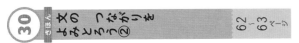

30 きほん 文の つながりを よみとろう②　62〜63ページ

■ ①・でう・こん虫・あまさぎ

・あまさぎ・てき・あぶない

②からだ・虫

③あり・もよう れて・こん虫

アドバイス

■ この説明文に登場する動物たちは、互いに、あるいは片方が利益を得て生活する「共生」の関係にあることをとらえましょう。

①あまさぎは象のそばにいると、えさを得られること。また象は、あまさぎのおかげで敵が近づいたことがわかることをとらえましょう。

②ちちろおなが、鹿の体に付いた虫を食べること、鹿の敵の見張り役として役立つことをとらえましょう。

31 実力アップ せつめい文②　64〜65ページ

■ ①だくせんの く・はぶら

②げきじょう・プール・スポーツ・コート　（順不同）

③（ふねの 下に）つばさが ついているから。

④立だいちゅう車じょう

アドバイス

■ ②客船には、たくさんの乗客が長い船旅を楽しめるように、劇場やプールなどいろいろな設備を備えたものがあります。

③ジェットフォイルは、高速で人を運ぶ船です。船底の前と後ろに翼が付いていて、高速になると船が浮き上がります。

④自動車専用船には、数多くの自動車を運ぶために何層もの駐車場があります。

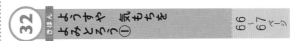

32 きほん ようすや 気もちを よみとろう①　66〜67ページ

■ ①ことばのたしざん

②③

③たあさ・いか・らけ・うし・かき・せく・すし などから 四つ

34
よみとろう③きもち
70〜71ページ

■①三行目は「た」、二行目は「て」、一行目は「と」で終わっています。

④各連の結果、満足している様子がわかります。

③「な」という言葉から、自分だけの絵を描いたことがわかります。

②上から三つ目にある様子を描いていることがわかります。

アドバイス

■①ね ②う

③あかね ④あ・え

■①文字「あ」は「い」「う」「え」「お」など、音を表す言葉より、文字の組み合わせによっていろいろな意味を表すものです。作者は、文字の組み合わせによっていろいろな意味を表す言葉があることに着目しています。

②文字の組み合わせによって、いろいろな意味がある言葉は「あ」（愛）のように無限にあります。作者は「あ」「い」「う」「え」「お」という言葉が組み合わさっていることに着目して表現しているのでしょう。

33
よみとろう②きもち
68〜69ページ

■①ほ・へ（順不同）

②おかあさん・あたたかい・あつい（順不同）

③あ

アドバイス

■雪の日、おかあさんとポチが外出している様子です。

②親子がこたつの中で温かく触れ合っている情景をとらえましょう。

③子ネコ自体のほかに、その愛情のこもった様子からも温かさが伝わってきます。

まんまと大好きな「そと」へ出られたので、子ネコの気持ちがうきうきしている様子が伝わってきます。

35
実力アップ
72〜73ページ

■目覚めている様子がわかります。

④「まだ」という言葉からねむたい様子がわかります。

③「こも」は、何枚も同じものを重ねて出している皮の皮を洋服を包む意味を表す言葉です。竹の子が皮に包まれている様子から連想した読み方でしょう。

②「こ」は様子を表す言葉で、竹の子が土から出ている様子を表しています。

■早朝、竹林の中で、竹の子が土から出て完全に見えてはいないが、ほぼ見立てた様子です。作者は「こ」と「も」だけを取り出して、竹の子の育つ様子を巧みに表現しています。

アドバイス

ものがたり

■ ①おまつり

　②⑦

　③(1)(大きな) ぼたんゆき

　　(2)(おいしい) みつ

アドバイス

■ ①蛍のことを知らなかったじろちょうですが、白い花を咲かせた木のところで行うお祭りに誘ってあげたのです。

　②じろちょうに誘われた蛍の返事に着目しましょう。

　③(1)じろちょうたちが飛び回る様子をたとえた表現をとらえましょう。

かん字・ことば

1 ①二ひき ②三だい ③四わ ④七ねん

2 ①気・木 ②大・見

3 ①い ②あ

4 ①かっぱ ②きっぷ ③ぶじょう

　④こおり ⑤しょっき

　⑥ちょうりゅう

5 ①わたしは、えんぴつかって
　　はだをぶつ。

　②ぼくは、おとうさんと
　　えいがかんくいった。

アドバイス

3 ①左払いが長いものは一画目は横画から ②左払いが短いものは一画目は払いから書くことを覚えましょう。

4 ③「ぶじょう」④「こおり」は、オ列の長音です。表記に注意しましょう。

5 助詞「は・を・へ」は、言葉の後につくことを確かめましょう。

せつめい文

■ ①もぎとったり・つかんだり

　②しっぽ・つりあい

　③ない ながいしっぽが ベランコートの やくわりを はたすから。

　④しっぽ・うしろ足

アドバイス

■ ①くもざるのしっぽが 手のような働きをする様子を読み取りましょう。

　②・③りすのしっぽは体に比べて大きいので、木から落ちないように体のバランスを取る他、木から飛び降りる際にパラシュートのような働きもします。

かん字・ことば

1 ①だ・て ②い・はい ③の・ぼ・あ

　④くだ・お

2 ①生まれる ②丸い ③小さい

3 ゆうがた 雨が 上がったら

　にじが 出ました。

　ぼくは、 おもわず

　「きれいだな。」

　と つぶやきました。

4 ①ぼくは、木の下で 休んだ。

　②あず、えん足が ある。

　③おとうとは、とても げん気です。

38 まとめテスト③ 82〜85ページ

④マンガ
⑤ノート

③ ①ページ ②ヨット
③バス

② ①町・小学校 ②夕・大雨
④早・草

① ①右・石 ②見・貝 ③林・村
林・村

かん字・ことば

いる限り燃え続けているのです。
③の「たいまつ」の火は、生きて
気込みを打ち勝っていこうとする作者の意
でも、「たいまつ」は、... と考えられます。
強く...作者の悲しい気持ちでも、作者が強調している...
②・④...と考えます。
■①（たいまつ）は...「たいまつ」は作者が強調している...

アドバイス

④う
③
そのはしみたいものだ
もじ　もじ
②あし・さく（順不同）
むだ・むす（順不同）
■①まつだいまつ

し

アドバイス

④ 「です」「ます」の（敬体）と、「だ」「である」の（常体）があります。声に出して読んで、何度も書いてしましょう。
① 漢字は読み方が...送り仮名が違います。声に出して読んでしましょう。

（上位語）
④ 一つ一つの絵の名前を考えてから、書きへます。
同じ形の似た言葉は、上の言葉に出して言いたい言葉へ、書きへます。
① 字形の似ている漢字は、それぞれちがいを考えてから、書きへます。

アドバイス

⑤ れ・空・きぶん
③（じ）事 ④...
④ ①が ②文ぼう〈文〉

96